UNIVERSITY OF NORTH CAROLINA AT CHAPEL HILL
DEPARTMENT OF ROMANCE LANGUAGES

NORTH CAROLINA STUDIES
IN THE ROMANCE LANGUAGES AND LITERATURES

ESSAYS; TEXTS, TEXTUAL STUDIES AND TRANSLATIONS; SYMPOSIA

Founder: URBAN TIGNER HOLMES

Distributed by:

UNIVERSITY OF NORTH CAROLINA PRESS
CHAPEL HILL
North Carolina 27514
U.S.A.

NORTH CAROLINA STUDIES IN THE
ROMANCE LANGUAGES AND LITERATURES
Number 183

THE LIFE AND WORKS
OF
LUIS CARLOS LÓPEZ

THE LIFE AND WORKS
OF
LUIS CARLOS LÓPEZ

BY

MARTHA S. BAZIK

CHAPEL HILL

NORTH CAROLINA STUDIES IN THE ROMANCE
LANGUAGES AND LITERATURES
U.N.C. DEPARTMENT OF ROMANCE LANGUAGES
1977

Library of Congress Cataloging in Publication Data

Bazik, Martha S
  The life and works of Luis Carlos López.

  (North Carolina studies in the Romance languages and literatures; no. 183.)
  Bibliography: p.
  1. López, Luis Carlos, 1883-1950. 2. Poets, Columbian — 20th century — Biography. I. Title. II. Series.

PQ8179.L57Z58   861   77-550
I. S. B. N. 0-8078-9183-5

I. S. B. N. 0-8078-9183-5

Depósito legal: v. 904 - 1977   I. S. B. N. 84 - 399 - 6414 - 5
Artes Gráficas Soler, S. A. - Jávea, 28 - Valencia (8) - 1977

TABLE OF CONTENTS

	Page
PREFACE ...	9
CHAPTER	
I. LIFE AND PERSONALITY OF LUIS CARLOS LÓPEZ ...	11
II. POETRY AND CORRESPONDENCE ...	32
III. THEMES ...	51
IV. STYLE ...	74
V. VERSIFICATION ...	94
VI. CONCLUSIONS ...	105
BIBLIOGRAPHY ...	111
APPENDIX ...	116
Correspondence with Manuel Ugarte ...	116
Correspondence with Miguel de Unamuno ...	118
Correspondence with Rubén Darío ...	125
Correspondence with Alberto Hidalgo ...	127
Correspondence with Emilio Bobadilla ...	128
Correspondence with Amado Nervo ...	131
Correspondence with Carlos E. Restrepo ...	131
Correspondence with Gregorio Pueyo ...	136
Miscellaneous Correspondence ...	139
Unpublished Poems ...	146

PREFACE

While it is generally recognized that Luis Carlos López is a well-known poet in the Spanish speaking world,[1] he was not treated kindly by critics. According to the authors of *An Outline of Spanish American Literature*, he has long been denied the recognition that he justly deserves.[2] Ebel Botero agrees, reporting that extremely little has been written about the Colombian poet or his works (p. 83). He further observes that López' poetry has provided material for only a few impressionistic articles, prologues, and brief résumés in anthologies and literary histories. In these short studies to which Botero refers, the information is often inadequate and erroneous.

The purpose of this study is to offer a more extensive and accurate biography and study of López' works than is now available. Chapter I establishes the basic facts about his life and character. Chapter II traces the history of his poetry, documenting publication dates and places. Chapter III is devoted to his themes, while Chapter IV and V present stylistic and metrical analyses. The final chapter contains conclusions which may be drawn about his life and works as well as about his themes, style, and versification.

I should like to express my deepest appreciation to Professor Frederick S. Stimson for his valuable advice, and his patience and guidance. Likewise, thanks is offered to Professors J. Kenneth

---

[1] Ebel Botero, *Cinco poetas colombianos* (Manizales, Colombia, 1964), p 84.
[2] E. Herman Hespelt, et al., *An Outline of Spanish American Literature*, 2nd ed. (New York, 1941), pp. 156-157.

Leslie and Humberto E. Robles for their careful reading of this study and their helpful suggestions.

I am deeply grateful to López' brother, Domingo López Escauriaza and the poet's children, Carlos López and Marina López Ramírez, without whose cooperation this essay would not have materialized. To Alfonso Amadó Claros and his wife Amalia, who shared valuable documents pertinent to López' life and works, I am also deeply grateful. Gratitude is extended to Dr. Ramón de Zubiría, Colombian ambassador to Holland, and Dr. Alberto Miramón, Director of the Biblioteca Nacional de Bogotá, who assisted me in locating the family and friends of the poet. Others who helped me while I was in Cartagena include Donaldo Bossa Herazo and Francisco Bustamente, Secretary and Vice President, respectively, of the Academia de la Historia de Cartagena de Indias. The information supplied by Dr. Carlos García Prada, Professor Emeritus of Washington State University proved to be invaluable. Finally, I thank my husband for his patience, encouragement, and suggestions about technical matters.

Chapter I

LIFE AND PERSONALITY OF LUIS CARLOS LÓPEZ

Luis Carlos López was born June 11, 1879 in Cartagena de Indias, Colombia.[1] In his poetry he established that his birthplace was a house on the Calle de Tablón. In the sonnet "Calle de Tablón," he described this street:

> ¡Sucia, sin empedrar, desnivelada
> donde vive un genial pariente mío
> llamado Rigaíl! ... ¡Y eso no es nada!
> Porque ahí tiene una tienda, todo un lío
>
> sin parangón: betún, carne salada,
> puntillas de París, obras de Pío
> Baroja y además, sobre una espada
> y una bacía, farolitos de Tokío...
>
> Mas esa callejuela inadvertida
> saldrá a luz en infolios historiales,
> porque allí, por desgracia y un capricho
> de la fatalidad... vino a la vida

---

[1] Several dates are given for López' birthday: George Shade reports 1883 in "La sátira y las imágenes en la poesía de Luis Carlos López," *Revista Iberoamericana,* XLII (February, 1954), p. 109; Luis Alberto Sánchez lists June 11, 1884 in *Escritores representativos de América,* Vol. II (Madrid, 1964), p. 118; Javier Arango Ferrar reports 1885 in "Evocación y poesía." *El Tiempo,* November 8, 1970, p. 3; Octavio Amórtegui gives July, 1878 in "Luis Carlos López," *Revista de América,* XXII (December, 1950), p. 131; and Domingo López Escauriaza, the poet's sole surviving brother, affirms, in an interview in Cartagena, January, 1972, that the poet was born June 11, 1879.

quien escribe estos versos inmortales
para honra y prez de Portugal! He dicho.[2]

López referred to the modest two-story house of his birth as follows:

¡Pobre casa de mis antepasados!...
Si pudiera comprarte, si pudiera
restaurar tus balcones y tejados,
y por el caracol de tu escalera

subir a tus salones empolvados,
para en tu soledad, casona austera,
revivir episodios olvidados,
teniendo en tu zaguán loro y portera...

Pero tú, caserón en esqueleto,
refugio de vampiros y lagartos,
donde penetra el sol hecho una brasa,

—¡qué sabes de las cuitas de un biznieto,
de un biznieto aburrido y sin dos cuartos,
que no puede comprarte, pobre casa!...[3]

Today the edifice is a dry goods store. Its historical significance is denoted by a small plaque reading "Aquí nació Luis Carlos López."

López was the eldest of eleven children, seven male and four female, born to Bernardo López Bessado and Concepción Escauriaza. His father was Castilian and his mother Basque.[4] Portraying satirically his Spanish ancestry in "Mi raza española," the poet wrote:

Del seminario
mientras las campanas
citan para el rosario,
van saliendo sotanas y sotanas...

---

[2] Luis Carlos López, *La comedia tropical,* ed. Jorge Zalamea (Bogotá, 1962), p. 19.

[3] López, *Por el atajo* (Cartagena, Colombia, 1920), pp. 85-86, hereafter abbreviated as PEA, 1st ed.

[4] López Escauriaza, interview, Cartagena, January, 1972.

> Después, tras la eminente
> nulidad de un político, en la acera
> de enfrente
> luce su desparpajo una ramera.
>
> Y delante de mí, cabe un mendigo
> de hosco sombrero
> y de peludo ombligo,
> pasan dos militares y un torero. [5]

Although López mocked his lineage, he was proud of it. In letters to Miguel de Unamuno, he stressed, "No corre por mis venas ni una gota de sangre de indio ni de negro cimarrón," and "aunque colombiano, soy de origen vasco." [6] While López' family was not wealthy, Spanish ancestry gave it a respected position in Cartagena society.

Born into modest circumstances, the poet's childhood was normal and happy. In "En tono menor" he nostalgically recalled his early years:

> ¡Qué tristeza más grande, qué tristeza infinita
> de pensar muchas cosas!... ¡De pensar, de pensar!
> De pensar, por ejemplo, que hoy tal vez, Teresita
> Alcalá, tu recuerdo me recuerda otra edad...
>
> Yo era niño, muy niño... Tú llegabas, viejita
> cucaracha de iglesia, por la noche a mi hogar.
> Te hacía burlas... Y siempre mi mamá, muy bonita
> y muy dulce, te daba más de un cacho de pan...
>
> Tú eras medio chiflada... Yo pasé buenos ratos
> destrozando en tu casa, cueva absurda de gatos,
> cachivaches y chismes... ¡Oh, qué mala maldad!
>
> Pero ya te moriste... Desde ha tiempo te lloro,
> y al llorarte, mis años infantiles añoro,
> ¡Teresita Alcalá, Teresita Alcalá!...
>   (PEA, 1st ed., pp. 75-76)

---

[5] Manuel Cervera, Luis Carlos López, and Abraham López-Penha, *Varios a varios* (Madrid, 1910), p. 42, hereafter abbreviated as VAV.

[6] Letter to Miguel de Unamuno from López, August 26, 1921 (see appendix).

In verses seven and eight of the preceding poem, López is referring to his mother, the only relative mentioned in his poetry. According to family and friends, Doña Concepción exerted considerable influence on her son during his youth. His admiration and respect for her prompted him to write the following verse:

> Sólo por ti, madre mía,
> soy bueno. Sólo por ti
> jamás me preguntaría:
> ¿pero, para qué nací? [7]

Contrary to some critics' implications, [8] López did receive a formal education. During the nineteenth century in Cartagena, primary instruction was often provided by women who, in their homes, taught small groups of children. In Julietta Navarra's home, López learned the elements of reading, writing, and arithmetic. He received his secondary education in the city's finest schools, La Esperanza and the Araujo. Then he entered the University of Cartagena where he earned the *bachillerato* and began medical studies. In 1899 the "Guerra de los mil días" broke out. This civil-political dispute disrupted the operation of the University, forcing the poet to abandon his medical career. [9]

Although his medical studies lasted only one year, his education was not neglected. He read the works of Nietzsche, Schopenhauer, Unamuno, Greek and Latin Classics, and Spanish and Oriental writers. [10] Carlos García Prada reports that "leyó muchos libros, clásicos y modernos, con la curiosidad del niño que ve jirafas, canguros y papagayos en algún jardín zoológico." [11] This self-education continued until his death, October 30, 1950.

---

[7] López, *Posturas difíciles* (Madrid, 1909), p. 65, hereafter abbreviated as PD.

[8] See Carlos García Prada, "Zurce que zurce líricos chismes," in Luis C. López, *42 poemas de Luis Carlos López* (México, 1946), p. 5, and Orlando Gómez-Gil, *Historia crítica de la literatura hispanoamericana* (New York, 1968), p. 496.

[9] Aníbal Esquivia Vásquez, "Luis C. López," in Luis C. López, *Selección de versos* (Cartagena, Colombia, 1946), pp. x-ix.

[10] Esquivia Vásquez, p. xvi.

[11] García Prada, p. 5.

Shortly after the "Guerra de los mil días," López made his first and only trip to Bogotá when he accompanied the lame Doctor Joaquín Vélez to assist him in walking: [12]

> La carretera
> bajo la sombría
> ojera
> del crepúsculo, tenía
>
> color de cera
> sucia. Y en la vía
> cada charco fingía
> un nudo de madera...
>
> Y los bueyes, la dura
> cerviz doblada en contracción
> de reto
>
> a la impasible altura,
> tirando el mamotreto
> de un camión.
>
> (VAV, p. 45)

When López returned to Cartagena, he became his father's business partner. Domingo López, the poet's brother, observes: "En los primeros años de su juventud ... Luis Carlos para complacer a su padre, de profesión comerciante, lo acompañó en estas actividades sin ser ninguno de ellos hombres de mostrador, ni mucho menos el Harpagón de Molière." It was inevitable that he should enter business, because he was "el 'enfant gaté' de Bernardo López Bessado ... un desadaptado sobre quien las fuerzas familiares ejercieron una tiránica influencia." In Cartagena "el comercio desde los tiempos de la Colonia marcó su destino y aun los intelectuales que no alcanzaron a ejercer profesiones liberales, se dejaban llevar de una inclinación que tenía en sí misma algo de fatal." Thus he became a businessman although "fue la antítesis de lo crematístico: el prosaísmo de los números le hacía sufrir indeciblemente." [13]

---

[12] López Escauriaza, personal letter, February, 1972.
[13] López Escauriaza, "Un recuerdo familiar sobre Luis C. López," *El Universal,* October 30, 1970, p. 2.

The concern called "Bernardo López y Hijo" was a store selling imported goods and specializing in "aceitunas, encurtido, salchichas, cebollitas en vinagre, alcaparras y otros potes de la casa Morton, además de Oporto, Whisky y demás bebidas espirituosas."[14] When his father died in the early 1900's, López continued the enterprise with his brothers, Bernardo, Benito, and José Guillermo. The name was changed to "López Hermanos."

Not temperamentally suited for this profession, the poet spent considerable time reading behind the counter. Also, to the chagrin of his business associates, he wrote poetry. In the prologue to *Varios a varios*, published in 1910, F. Ramos González writes: "Luis C. López, es un comerciante acaudalado y astuto que acrecienta, de día en día, su capital ya formidable. Sus amigos de la Cámara de Comercio conceptúan que la perniciosa manía de hacer versos se le irá pasando con el tiempo. También esperamos tal curación sus otros amigos que no somos de la Cámara.... Tiene, indudablemente, suficiente energía orgánica para librarse de esa chifladura."[15]

Contrary to his associates' desires, López continued writing poetry and terminated his business career when his brothers left Cartagena to live in Barranquilla.[16] Aníbal Esquivia Vásquez explains this change in careers: "Esa manía de no virar de la cultura estética como su amigo 'el noble Juan de Dios,' ex-artista genial que 'hoy vive poblado con hijos y mujer,' fue la causa de que cambiara las muy útiles letras de comercio por letras literarias. Por hoy está fregado, más que fregado..."[17] This change proved economically fatal, forcing him to spend much of his life in poverty. López did not bemoan his impoverished condition; on the contrary, he often referred to it good-naturedly. For example, he wrote poetically to Daniel Lemaitre:

> La pena desigual de mi bolsillo,
> que no porta ni un céntimo, me fija
> la obsesión de llegar a ser un pillo
> si no quieres hacerte a la sortija

---

[14] Esquivia Vásquez, p. xvi.
[15] F. Ramos González, "Prólogo," in Manuel Cervera, Luis Carlos López, and Abraham López-Penha, *Varios a varios* (Madrid, 1910), p. 11.
[16] Alfonso Amadó Claros, personal letter, March 24, 1972.
[17] Esquivia Vásquez, p. xvi.

> que ahí te voy a mandar; es un anillo
> que finge una pequeña lagartija
> con dos ojos... ¡Verás que por el brillo
> de sus ojos no es una baratija!
>
> Porque tú, gran pintor, músico, aeda,
> y un famoso industrial, que no se hospeda
> sino en la magnitud de sus ingresos,
>
> bien me puedes mandar —pero no a trueque
> de la sortija— un apreciable cheque
> por una suma de unos cuantos $...[18]

In 1913 López embarked upon a short-lived political career. The fact that he entered politics at all is surprising, considering that five years earlier, the poet published an uncomplimentary poetic portrait of the typical politician:

> Se salió de plomada
> la colectiva estupidez, camino
> del rebenque, del tajo y la picota.
>
> Apóstol del Derecho, un petardista
> de frac y cubilete,
> volcó sobre la turba
> de los descamisados
> todo un cajón de frases...
>
> Su vibrante discurso
> causa fue de apoplético entusiasmo,
> que tuvo que sangrar tranquilamente
> la científica guardia pretoriana,
> con el cañón y con la bayoneta.
>
> Y yo, del caballete de un tejado,
> miré la rebuñija
> —como no soy Apóstol del Derecho—
> con toda la frialdad de un erudito.[19]

López' political aspirations were not motivated by desire for power, but rather by admiration for Carlos E. Restrepo, Colom-

---
[18] López, *Selección de versos* (Cartagena, Colombia, 1946), p. 98.
[19] López, *De mi villorrio* (Madrid, 1908), pp. 41-42, hereafter abbreviated as DMV.

bia's president in 1913. Conversing with Romualdo Gallego, a Colombian literary critic, the poet revealed his esteem for Restrepo: "Yo lo admiro y estimo mucho, aunque no lo conozco sino de correspondencia. Cuando vino por acá estaba yo enfermo. Mi mayor admiración hacia él proviene de aquellas cuatro palabras que pronunció al subir a la presidencia. Esas cuatro palabras me hicieron a mí republicano; para que vea usted que hacer partidarios es cuestión de elocuencia, aunque para unos se necesita elocuencia subida y para otros elocuencia modesta." When Gallego asked López to repeat Restrepo's words, the poet replied, "Soy únicamente un periodista. Como eso no se le ocurre a cualquiera, y menos entre nosotros, donde se hace tanta elocuencia subida..."[20]

At the president's request, López became a candidate for the "Cámara de representantes," but he lost because of political intrigue.[21] Apparently he was opposed by a politician who used his influence to engineer this defeat. In a letter to Restrepo, dated June 10, 1913, López recorded his reasons for entering the race and his disappointment in losing:

> Hasta última hora, por cartas y telegramas de los compañeros de provincia, teníamos todos sus amigos la absoluta seguridad de que yo era, entre otros inocentes, quien iría al Congreso a responder por la política civilizadora de Vd. Pero en el escrutinio de hace unos días, efectuado republicanamente entre cincuenta bayonetas y a los 39° a la sombra, naturalmente tenía que ser yo, en esa jarana tropical, el hombre que toca el tamborete de cuero de chivo.... Porque después de seis meses de lucha, leyendo, como buen político, al decir de Faguet, muchos y muy malos periódicos; buscando estériles malquerencias y gastando algunas platas, me he quedado al fin y a la postre sin pareja en el baile...
> Y todo esto, viendo las cosas, como hoy las veo, al través de una calabaza, es muy de sentir, puesto que deseaba, antes que después, conocer a Vd. personalmente. Y después deseaba ayudarle en el alto ideal que entraña su prematuro programa político.[22]

---

[20] Romualdo Gallego, *Crónicas, cuentos y novelas* (Medellín, Colombia, 1938), p. 181.

[21] López Escauriaza, personal letter, February, 1972.

[22] Letter to Carlos E. Restrepo from López, June 10, 1913 (see appendix).

Discouraged with the result of the election, he vowed in the same letter:

> Y de hoy en adelante, cuando me hablan de algo relacionado con el republicanismo, me limitaré a parodiar a César Moncada, aquel protagonista de una novela de Pío Baroja, a quien le preguntaba:
> —Y Vd., don César, ¿no piensa volver a la política?
> Y él respondía sonriendo:
> —No, no; ¿para qué? Ya no soy nada, nada.

While López ceased to seek elected offices, he did request political patronage. A letter to Restrepo, dated November 19, 1913, indicates that he wanted to represent Colombia in Europe:

> Es verdad que deseo ir a Europa. Aparte de mis aspiraciones literarias, de tonificar algunos originales que tengo inéditos, creo que puedo representar y defender dignamente en cualquier parte a mi País. Y no es modestia. La modestia en ciertos hombres, como Vd. sabe, es la contera del talento mal invertido.... Por éstas y otras razones, que a mí me parecen muy poderosas, me he atrevido a escribirle. Si Vd., por ejemplo, me cree apto intelectualmente para ir en su nombre a Madrid o a Roma de Secretario de una Legación, mándeme un nombramiento.[23]

López did not receive the position; rather he was offered the post of "Fiel de Balanza de la Aduana." He refused, maintaining only that such a post was inadequate. He then requested the president to recommend him as "Inspector de la Canalización del Magdalena," so that he could join his brothers who were established in Barranquilla.[24] An official document indicates that his request was not granted.[25]

As his political aspirations waned, López embarked upon a career in journalism. This interest began when, with his friend Jorge Díaz, he directed a school newspaper, *Rojo y Azul*.[26] In

---

[23] Letter to Carlos E. Restrepo from López, November 19, 1913 (see appendix).
[24] Letter to Carlos E. Restrepo from López, January 24, 1914 (see appendix).
[25] Amadó Claros, personal letter, March 24, 1972.
[26] López Escauriaza, personal letter, February, 1972.

1916, with his brother José Guillermo, he founded *La Unión Comercial*. Domingo López recalls the circumstances surrounding the founding:

> En un ambiente pacato, reaccionario y ultra clerical, la sociedad cerraba sus puertas a todos los vientos de la libertad. El escepticismo y la posición de Luis Carlos tenían que ser, forzosamente, muy incómodos. Se le ocurrió, en tales circunstancias, darles una broma a sus queridos coterráneos. ¿Cómo? Fundando, como lo hizo, con mi otro hermano José Guillermo, un diario cuya composición tipográfica se hacía a mano, diario que tituló... "La unión comercial." Y para el colmo de sorpresas el periódico tenía entre sus secciones una escrita en idioma inglés, dirigida por un profesor hindú, educado en Oxford... El efímero paso por el periodismo militante de Luis Carlos no obedecía sino a un propósito: el de darle al ambiente cartagenero, agilidad y gracia, en el momento en que el país se agitaba bajo una crisis económica producto de la primera guerra mundial...[27]

López became bored with *La Unión Comercial* and sold it two years later to his friend and neighbor, Gerónimo Martínez Aycardi.[28] He then worked briefly for *Época*, a daily newspaper in Cartagena. During the 1920's he held a position with *La Patria*, an afternoon paper directed by his brother Domingo.[29]

In 1928 López' dream of foreign travel was realized. Cognizant of his impoverished condition, the government named him consul to Munich.[30] Before leaving the country, he bade Cartagena a fond farewell:

> ¡Adiós, rincón nativo! Me voy y mi pañuelo
> parece un ave herida que anhela retornar,
> mientras singla el piróscafo, bajo el zafir del cielo,
> cortando la infinita turquesa de la mar.
>
> ¡Nunca podré olvidarte, noble heroico suelo
> de mis antepasados!... No te podré olvidar

---

[27] López Escauriaza, "Un recuerdo familiar," p. 2.
[28] Esquivia Vásquez, p. xi.
[29] Amadó Claros, personal letter, March 24, 1972.
[30] Carlos López, the poet's son, interview, Cartagena, Colombia, January, 1972.

> ni aun besando a una chica que sepa a caramelo
> ni aun jugando con unos amigos al billar...
>
> Pero imaginarme que yo no pueda un día
> tornar a tu recinto, ¡con qué melancolía
> contémplote a lo lejos, romántico rincón!...
>
> Porque ¡ay! todo es posible, no exótico y extraño.
> Si el destino de pronto me propina un buen baño
> para darle una triste pitanza a un tiburón...[31]

Accompanied by his son Carlos, he journeyed to Munich, stopping briefly in Paris. Friends note that the poet did not enjoy his stay in Munich because of the disagreeable climate. They observe also that the position required little work and he was restless, but he recorded his impressions of Munich agreeably. From Germany he wrote to the priest of Bohemian tendencies, Padre Donoso:

> ¡Ah, mi querido Padre!... qué bien en esta...
> metrópolis, comiendo repollo y salchichón,
> sin moscas y mosquitos en la sabrosa siesta,
> y sin que usted me pida que vaya a oírle un sermón.
>
> Repican las campanas del corazón... ¡Oh fiesta!
> ¡Y yo que quise un día —¿No es cierto, corazón?—
> ponerme en cuatro patas, quitándome la testa,
> para en un bosque virgen vivir como un jibón!
>
> Pero hoy aquí me arrulla la cítara de Orfeo,
> mientras me hablan las cosas que miro en un museo.
> —La cerveza la sirven en jarros de a un galón—
>
> ¡Y las mujeres, Padre, son una maravilla!...
> Las unas con el pelo color de mantequilla,
> y las otras... Oh, Padre, no tengo absolución.
>   (PEA, 2nd ed., p. 116)

Upon his return to Cartagena two years later, the government assigned him two positions, enabling him to support his family. First, he was named "Director de la Imprenta Departamental de

---

[31] López, *Por el atajo,* 2nd ed. (Cartagena, Colombia, 1928), pp. 17-18, hereafter abbreviated as PEA, 2nd ed.

Cartagena," and later, "Director de la Biblioteca Fernández de Madrid de Cartagena."[32]

In 1937 he was appointed Consul to Baltimore, Maryland. Accompanied by his wife and son Carlos, he stayed in the United States for seven years.[33] Except for brief visits to New York and Washington, D. C., most of this time was spent in Maryland. His brother notes that the poet enjoyed the rustic atmosphere of Baltimore and that the post allowed him ample time for reading and corresponding; during his stay in the United States, however, he was plagued by ill health which necessitated hospitalization.[34] In 1944 he returned to Cartagena. Since he was suffering from circulatory ailments, he did not seek further employment.[35] Living in Cartagena's "La manga" section with his wife and sons, he passed his last years reading and visiting friends.

Little is known about López' romantic interests. Probably they were not enhanced by his physical appearance which the poet described in "De perfil":

>Cutis garapiñado,
nariz curva de anzuelo,
y del gorro, que porta a medio lado,
surge la hirsuta rebelión del pelo,
>
>La brusca pincelada
de la ceja, enfocando la azogada
mirada socarrona, una mirada
de un bebedor de "whiskey"
>
>Es una coma
y un signo musical, bajo un violento
golpe de luz, la oreja.
>
>Y la cachimba vieja,
la panza gris de la cachimba asoma
por un bigote ahumado y soñoliento.
>
>(DMV, pp. 99-100)

---

[32] Amadó Claros, personal letter, March 24, 1972.

[33] Carlos López, interview, Cartagena, January, 1972.

[34] Letter to Francisco Sebá Patrón from López, January 5, 1939 (see appendix).

[35] López Escauriaza, interview, Cartagena, January, 1972.

García Prada amplifies this description:

> Pálido, menudo, flacuchento, nervioso, y feo como él solo: frente amplia y abombada, labios finos, movibles y quijada menguadísima; al respirar dilata angustiosamente la nariz, una nariz respingadita y buscarruidos donde cabalgan temblorosas las gafas de oro, sin apoyarse en las orejas, que las tiene descomunales; lleva sin peinar los negros cabellos, y un bigotillo alacranado, oliscoso e impertinente, que nunca llegó a ser mosqueteril aunque lo cuidaba con amor... Sus ojos son claros, penetrantes, vivarachos, y, para colmo de desdichas, tiene torcido el derecho, y derecho el izquierdo, que es el bueno. Por eso lo llaman el tuerto, aunque se sabe a ciencia cierta que con el ojo "tuerto" mira mejor que con el "bueno" (p. 5).

Despite his physical appearance, the poet was interested in pretty women. In 1905 he met Ana Marina Cowan, of Spanish and English descent. The attractive and vivacious Miss Cowan belonged to Cartagena's upper class. The couple was married in 1905.[36] In accordance with the poet's sense of humor, the ceremony was performed at five in the morning. Reportedly, to insure that he and his family would arrive at the Cathedral on time, López ordered a servant to throw a rooster out the window to wake them.[37]

The married couple lived in various sections of Cartagena, often residing with his parents or those of his wife. They had three children, Bruno, Carlos, and Marina. Carlos recalls that his mother, following tradition, wanted to give each of the children a first and a middle name. His father, who mocked tradition, decreed that two were enough and middle names were omitted.[38]

In contrast to the ribald nature of poems such as "Serenata" (PEA, 1st ed., pp. 72-74; 2nd ed., pp. 77-78), "A Rosablina" (PEA, 2nd ed., pp. 35-36), and "In illo tempore" (PEA, 1st ed., pp. 105-106), the poet led a quiet life. At night, he did not frequent bars or attend questionable parties. Like the "buen burgués" whom he often mocked in his poetry, he was a model husband,

---

[36] Esquivia Vásquez, p. xxx.
[37] Amadó Claros, interview, Cartagena, January, 1972.
[38] Carlos López, interview, Cartagena, January, 1972.

father, and citizen who spent his evenings with his family and often retired at an early hour.[39]

The poet's social activities were generally limited to visits with a few close friends. These friends, such as Abraham López-Penha, Manuel Cervera, Fernando de la Vega, Dimitri Ivanovich, Jacob Delvalle, Daniel Lemaitre, and Padre Donoso, belonged to Cartagena's intellectual, liberal element. With them the poet spent his free time discussing literary topics and current events.[40]

In 1920, at Jacob Delvalle's suggestion, several of these friends united to form a social club called El Bodegón.[41] García Prada describes it as follows: "un centro de grandes iniciativas donde se reunían los intelectuales Cartageneros a echar pico y tijera, por irritar la vida de villorio y sazonar su diaria rutinaria de una simplicidad de vaselina" (p. 5). In El Bodegón, López drank anisette and discussed a wide range of topics with his friends. According to Esquivia Vásquez: "Donde [López] se expande mejor es en El Bodegón, y eso en reducido grupo de confidentes. Allí su ingenio es surtidor de epigramas. A la necedad le hinca su ironía finísima" (p. xxxix).

Apparently the conversation of the "bodegoneros" often bordered on the risqué and heretical, and the citizens of Cartagena considered the club a den of iniquity.[42] Despite its lack of popularity, its fame was widespread. Many attribute its reputation to the membership of "el tuerto."[43] Dignitaries from many South American countries often indicated their homage to López in the club's autograph book. For example, on July 4, 1931, Carlos E. Restrepo wrote: "Esta noche he recibido tres grandes honores: ser socio de El Bodegón. Recibir una condecoración de don Jacob Delvalle y consocio del Tuerto López." On January 2, 1933 another entry read: "Aquí se siente: honda emoción de patriotismo por Cartagena, profunda simpatía por Jacob Delvalle, admiración y cariño

---

[39] Francisco Bustamente, Vice President, La Academia de la Historia de Cartagena de Indias, interview, Cartagena, January, 1972.
[40] Amalia Amadó, interview, Cartagena, January, 1972.
[41] Daniel Delvalle, ed., *Historial de El Bodegón y la Casa Nacional del Periodista* (Cartagena, Colombia, 1952), no pagination.
[42] Delvalle, ed., no pagination.
[43] Amadó Claros and Donaldo Bossa Herazo, Secretary, La Academia de la Historia de Cartagena de Indias, interviews, Cartagena, January, 1972.

por el Tuerto López y ganas de poco de cosa cuando se está en El Bodegón. M. M. Buenaventura." [44]

Even toward the end of López' life, when he was ill, his daily visits with friends were important to him. Often he spent the mornings in pajamas reading and the afternoons visiting friends in El Bodegón. [45]

When the poet died of a lingering heart ailment on October 30, 1950, he received the last rites and was given a Catholic burial in the family mausoleum. [46]

Six years after his death, Cartagena erected a monument in his honor. Reportedly, while the poet was alive, city officials informed him that they wanted to erect a bust of him. They felt honored when he proclaimed the same affection for Cartagena that one has for a pair of old shoes. Fleeing from personal recognition, López told them to pay homage to the old shoes. [47] Today, on the Avenida Luis Carlos López, a pair of old shoes, wrought in metal, stands in memory of the poet. On the plaque beneath the monument is engraved the sonnet which inspired the curious form of the homage:

>   Noble rincón de mis abuelos: nada
>   como evocar, cruzando callejuelas
>   los tiempos de la cruz y de la espada,
>   del ahumado candil y las pajuelas...
>
>   Pues ya pasó, ciudad amurallada,
>   tu edad de folletín... Las carabelas
>   se fueron para siempre de tu rada...
>   —¡Ya no viene el aceite en botijuelas!
>
>   Fuiste heroica en los años coloniales,
>   cuando tus hijos, águilas caudales,
>   no eran una caterva de vencejos.
>
>   Mas hoy, plena de rancio desaliño,
>   bien puedes inspirar ese cariño
>   que uno les tiene a sus zapatos viejos...
>   (PEA, 1st ed., pp. 29-30; 2nd ed., pp. 41-42)

---

[44] Delvalle, ed., no pagination.
[45] Amadó Claros, interview, Cartagena, January, 1972.
[46] López Escauriaza, interview, Cartagena, January, 1972.
[47] Ismael Cogollo M., tour guide, interview, Cartagena, January, 1972.

López was not gregarious. Generally he preferred activities which he could pursue alone — reading literature and writing poetry and letters.[48] In a poem published in *Por el atajo,* he referred to his solitary nature:

> Seguí después por el atajo... y sigo
> y seguiré muy lejos de la vía,
> porque mi corazón —ese mendigo
> vagabundo— no quiere compañía...
> ... ...
> solo y tranquilo cruzo la vereda,
> no temiendo dejar bajo una rueda
> —despanzurrado ante una flor— mis huesos.
> (PEA, 1st ed., pp. 23-24; 2nd ed., pp. 13-14)

Once the poet remarked that "En sociedad me siento acéfalo."[49] Esquivia Vásquez interprets this comment as the natural reaction of an individual "que no posee la maravillosa facultad de abordar temas tan substanciales como el roomy party,[50] el stadium, los paseos en jeep, el calor insoportable, las ventajas del pick-out,[51] la cuestión del béisbol y los eventos de los líderes peloteros" (p. xxix).

López gave abundant evidence in his poetry of his displeasure with social conventions. One humorous example is found in "De sociedad":

> La esposa del banquero, flaca y fría,
> que hace música. Yo
> junto al Pleyel, tenía
> toda la flema de un anglosajón.
>
> Se prolongaba con alevosía
> y premeditación
> la romanza. Mi tedio me decía
> bostezando: ¿por qué no anda el reloj?

---

[48] Amadó Claros, interview, Cartagena, January, 1972.
[49] Esquivia Vásquez, p. xxviii.
[50] According to Francisco Bustamante, a "roomy party" is a social gathering where people engage mainly in idle gossip.
[51] It has been impossible to determine the meaning of "pick-out."

> Y luego, para colmo
> de peras en el olmo,
> tuvimos que aplaudir
>
> a la señora del señor pudiente,
> pensando injustamente:
> ¿pero por qué Mozart no fue albañil?
> (VAV, p. 39)

López' introversion was evident also when he met strangers. Uncomfortable among them, he often turned his back and walked away to avoid conversation. On one occasion he went to El Bodegón only to return home immediately. Apparently a Mexican dignitary, en route to Bogotá, had stopped to meet "el tuerto." Only after the intercession of Jacob Delvalle did he agree to speak with the dignitary. [52]

An incident in Baltimore also illustrates his introverted nature. Reportedly, when someone came to López' residence to transact business and to talk with the Consul, the maid answered the door. López, seeing the intruder from his second-floor vantage point, shouted, "Dígale que el señor López no está." [53]

His friends note that his apparent aloofness towards strangers resulted partially from a desire to avoid publicity. Through his poetry he had gained considerable renown and was plagued by magazine and newspaper reporters. Apparently unimpressed by the attention he received, López recorded his attitude toward fame in the following poem:

> Que no importa, ambulando sin testigo,
> y sin llevar ni a Diógenes por guía,
> que me ladren, surgiendo de un postigo,
> los anónimos perros de alquería...
> (PEA, 1st ed., p. 23; 2nd ed., pp. 13-14)

On one occasion a journalist informed López of a certain magazine which reported that no one knew him very well. López retorted with acidity, "Ah, sí. ¡Dísle que tú tampoco me conoces!" On another occasion a reporter tried to meet him through

---

[52] Esquivia Vásquez, p. xxix.
[53] Amadó Claros, interview, Cartagena, January, 1972.

the ruse of preparing photographic equipment to capture the atmosphere of the poet's residence. Discovering the reporter's plans, López decreed, "Pues tendrá que llevar orden de allanamiento." [54]

The poet's desire to avoid publicity was equalled only by his desire to defend himself from admirers. Once, unable to outwit a fan, he was forced to listen to the man's glowing adulation while another drank the poet's anisette. Realizing what had occurred, López exclaimed with exasperation, "Me fregaron. De un lado el aprendiz de zapatería llamándome maestro y del otro ese lebrel lamiendo el anís." [55]

Perhaps the poet's unsociable behavior contributed to critics' belief that he was bitter and despairing. [56] Affirming that this is untrue, his brother states emphatically, "¿Era, acaso, un amargado? Nunca lo fue no tenía por qué serlo." Rather, his social isolation resulted from timidity. [57] Nicolás Guillén offers the following illustrative story of this aspect of his personality. Guillén was in El Bodegón when López entered, greeted the people with barely a perceptible nod, and sat down silently. After a while "el tuerto" made an amusing remark and everyone laughed. Later, when Guillén had the opportunity to speak to him alone, he found the poet to be friendly but extremely timid. [58]

The Cartagenan's inability to relate to society in general was in contrast to his behavior in the small circle of intimate friends. When with them and his family, his timidity was replaced by warmth and affection. Domingo López recalls that on these occasions he was "alegre como un vaso de vino moscatel. Se daba con todo su corazón en tertulias que procuraba no revestir con menor solemnidad." [59]

This small group witnessed the development of the poet's sense of humor which ranged from congenial to cruel and caustic. Some-

---

[54] Esquivia Vásquez, p. xxix.
[55] Esquivia Vásquez, p. xxx.
[56] See Nicolás Guillén, "La carcajada dolorosa de Luis C. López," *Revista de América*, XXII (July, 1950), p. 435, and Simón Latino, "Luis C. López," in *Los mejores versos de Luis Carlos López* (Buenos Aires, 1954), p. 1.
[57] López Escauriaza, "Un recuerdo familiar," p. 2.
[58] Guillén, pp. 436-437.
[59] López Escauriaza, "Un recuerdo familiar," p. 2.

times sarcastic and mocking, López used his wit indiscriminately.[60] Generally unconcerned about the opinion of others, he freely pointed out deficiencies. If he noted defects in a friend or affectation in a venerated tradition, he did not hesitate to record his criticism in his poetry. This appraisal, however, was not motivated by hatred for his fellowman, but by hatred for vice and affectation.[61]

Unrelentlessly analytical, he did not view mankind's dilemma with emotional detachment. On the contrary his poetry offers several examples of his emotional involvement in Cartagena's social difficulties. In the following poem he recalled childhood dreams dissipated by bourgeois values:

> Quimeras moceriles, mitad sueño y locura,
> quimeras y quimeras de anhelos infinitos,
> y que hoy —como las piedras tiradas en el mar—
>
> se han ido a pique oyendo las pláticas del cura,
> junto con la consorte, la suegra, y los niñitos...
> ¡Qué diablo! Si estas cosas dan ganas de llorar.
> (PEA, 1st ed., pp. 93-94; 2nd ed., pp. 85-86)

In "Misantrópica tarde," López described the stifling emotional affect of an atmosphere devoid of ideals and ambitions:

> Fosco silencio y aridez... Acaso
> —torpe mancha movible— algún vampiro
> da tumbos y se aleja
> como un pasquín...
>
> Y todo, en el fastidio
> del ambiente letal, sin una fresca
> pincelada de luz, me dice a gritos
> con hierático gesto
> y elocuente mudez: —Pégate un tiro.
> (PEA, 1st ed., pp. 37-38; 2nd ed., pp. 54-55)

---

[60] Bossa Herazo, Amadó Claros, and López Escauriaza, interviews, Cartagena, January, 1972.
[61] Gabriel Porras Troconis, "La poesía de Luis C. López," *Las Letras*, February 14, 1957, p. 15.

It is evident that, beneath his façade of humor and sarcasm, López was sensitive, saddened by Cartagena's corrupt society which he continually measured against the vigorous environment of the colonial era. His friend, Gabriel Porras Troconis, elaborates this aspect of López' character:

> No fue [López] burlón que menospreciaba los hombres y las cosas de su medio.... No era tampoco el filósofo cínico que menospreciaba el bien y para quien el mal no existe.... Como se veía impotente para cambiar el curso de las cosas, restañaba su látigo contra todo lo que desplacía su ansia insuperable de bien, de belleza, de altura moral.... Lo feo, lo despreciable, lo indigno era merecedor de su censura, de crítica amarga, hasta cruel, pero no había indiferencia o desprecio para el bien en sí...
>
> López anhelaba que su ciudad nativa no hubiese dejado de ser lo que había sido en los días de su gloria pretérita, y le dolía de la mediocridad reinante de su tiempo, de la pobreza de aspiraciones de sus contemporáneos que mirados a la luz de la brillante vida de los abuelos, producen la sensación de miseria. [62]

Although sensitive to social decadence, López did not become obsessed or embittered by his experiences. Cautious not to allow his poetry to become an organ of social protest, he kept himself from angrily decrying man's dilemma and he discouraged anger in others. In "Así habla Zaratustra," he came closest to suggesting cooperative action to improve the life of mankind:

> No hay que hacerse ilusiones
> sobre tibios colchones
>   de algodón y de seda.
> La vida que nos queda
>   puede servirnos para
> vencer. Y cara a cara
>   y contra la corriente
> tenderemos el puente
>   de ribera a ribera...
> Después, sin un suspiro,
>   disuelta la quimera,
> nos pegamos un tiro.
>
> (PD, p. 97)

---

[62] Porras Troconis, p. 15.

In the above poem the summons to action is dissipated short of execution. Firmly rooted in reality, López realized the impossibility of bringing his ideals into fruition. Significant changes required self-discipline and personal involvement, and the poet was not amenable to the latter. Like the "buen burgués tirado al cordel," he enjoyed a leisurely life which did not make many physical demands upon him. Although, like his middle-class brother, he was characterized by a lazy demeanor, intellectually he felt superior. Not content to adore blindly venerated tradition nor to bow to illustrious pedigrees, he registered in his poetry his complaint against bourgeois society. With such complaints he could placate his conscience and "vivir en paz."[63]

---

[63] López Escauriaza, "Un recuerdo familiar," p. 2.

Chapter II

POETRY AND CORRESPONDENCE

In the late 1890's, while a student at the Universidad de Cartagena, Luis Carlos López began writing poetry.[1] His first published poem appeared in the literary review *La Juventud*,[2] with the pen name of "Pez-neutro":

> Por ti, por tus amores,
> la pierde el corazón. ¿Si no he querido
> con tu delirio medioeval y ardiente
> formar, temblando de pasión el nido,
> por qué fijas en mí de tu mirada
>   esa fosforescente,
> microscópica y verde llamarada?
>
> Yo nunca te amaré. No le fascina
>   a mi alma soñadora
> ni tu flexible suavidad felina,
> ni tu enfermiza palidez de aurora.
>
> La hermosa prometida
> que ayer perdí por tu amoroso empeño,
> dibujó, sin quererlo, entristecida,
> el idilio imposible de mi sueño
> sobre el oscuro lienzo de mi vida.
>
> Y hoy que aderezada
> vienes a mí con amoroso anhelo,
> cómo quieres que brille una alborada

---

[1] Alfonso Amadó Claros, interview, Cartagena, January, 1972.
[2] Aníbal Esquivia Vásquez, "Luis C. López," in *Selección de versos* (Cartagena, Colombia, 1946), p. xiii.

si miro destrozada
la comba de mi cielo.

Aléjate, anhelante
yo quedaré a la orilla del sendero.
y cuando pases trinando acongojada
   por sobre el tibio alero,
nunca fijes en mí, de tu mirada,
   esa fosforescente
microscópica y verde llamarada. [3]

Other poems written by López as a student were reportedly published in the *Rojo y Azul*, [4] the newspaper edited by Jorge Díaz and himself. Fortunately the poet's friend, Dimitri Ivanovich, saved several of López' poems from this period. One of them, like the above, demonstrates that the Cartagenan was briefly influenced by Gustavo Adolfo Bécquer. Included in Ivanovich's *libro de recortes* is the following such poem:

Yo sé que me adormiste
con tus pupilas glaucas,
   como la sierpe al ave
que anida entre las ramas,
   para alejarte y luego
—después de inoculada
   mi sangre con el virus
de tu lasciva savia—
   volver con los recuerdos
a hipnotizar mi alma
   así que me sacuda
de tu pasión... ¡qué lastima
   no recordar hermosa,
que el ave tiene alas! [5]

Ivanovich's *libro de recortes* contains in addition four poems written between 1901 and 1906. These indicate that López was briefly interested in Modernism, as in "De caza," Modernist in its use of words referring to rare or precious objects, colors, birds, flowers, and the butterfly:

---

[3] Esquivia Vásquez, pp. xii-xiv.
[4] Domingo López Escauriaza, personal letter, February, 1972.
[5] Dimitri Ivanovich's *libro de recortes*, which contains poems by many South American poets, is currently in the possession of Amadó Claros.

Una fragilidad de mariposa
tornasolada en abanico. El cielo
de un rosado impoluto, de sedosa
tonalidad, como de terciopelo.

Una garza, por el dombo de rosa,
rima la aristocracia de su vuelo,
y en esa blanca fuga silenciosa
fingió el último adiós de su pañuelo...

Doy al olvido la escopeta, olvido
mi nuevo amor. Apoyo a un árbol ido
mi juventud, soñando cosas viejas,

con el galgo a mis pies, un galgo bueno
de ojos tristes, ojos de Nazareno,
y que tiene caídas las orejas... [6]

By 1907 the poet had secured a publisher, Gregorio Pueyo of Madrid. Between 1908 and 1910, three volumes of his poetry were published by Pueyo's *librería: De mi villorrio,* [7] *Posturas difíciles,* [8] and *Varios a varios.* [9] The first is a small volume containing thirty-seven poems. It is dedicated to the poet's friend, Guillermo Andrade. The second, published in 1909, includes thirty-five short selections and "Fragmentos," a section of several critics' inter-

---

[6] "De caza" was later published in *De mi villorrio* (Cartagena, 1908), pp. 37-38.

[7] Some confusion exists concerning the title and publication date of López' first volume of poetry. Orlando Gómez-Gil lists *Hongos de la riba* (1909) as López' first published work, *Historia crítica de la literatura hispanoamericana* (New York, 1968), p. 469. While a small anthology of López' poetry, entitled *Hongos de la riba,* was privately published in Bogotá in 1942, *De mi villorrio* was López' first published work. Stanford University has a copy of the edition published in Madrid by Pueyo in 1908.

[8] John E. Englekirk, et al., express doubt concerning the existence of *Posturas difíciles:* "The López bibliography is in a very muddled state. It has been impossible to locate *Posturas difíciles* and several other titles cited by a number of critics." *An Outline of Spanish American Literature,* 3rd ed. (New York, 1965), p. 536. A copy owned by Stanford University indicates that *Posturas difíciles* was indeed published in Madrid in 1909.

[9] Englekirk, et al. (p. 536) and Gómez-Gil (p. 496) are apparently unaware of the existence of *Varios a varios,* which was written by López in collaboration with Manuel Cervera and Abraham López-Penha. While this volume is probably not available in the United States, a facsimile copy is in the possession of the poet's brother, Domingo López Escauriaza. This facsimile indicates that it was published in Madrid in 1910.

pretations of *De mi villorrio;* it is dedicated to the Argentine writer, Manuel Ugarte. The third, published in 1910, is divided into three sections. The first contains poems by Manuel Cervera, the second, poems of Luis Carlos López, and the third poems of Abraham López-Penha. The section of seventeen poems written by "el tuerto" is entitled "Cuartos de horas." The entire work is dedicated to Miguel de Unamuno, who was mutually admired by the three authors.

The three books published by Pueyo were not popular, and few copies were sold. In a letter to López, dated October 12, 1909, Pueyo referred to *De mi villorrio:* "Yo hasta esta fecha he colocado muy pocos." [10] Three years later, the situation had not improved. On August 16, 1912, Pueyo wrote concerning all three volumes: "Se aposentaron en los estantes y no hay modo de moverlos. A excepción de los enviados de muestra y de los servidos a la prensa, para recabar algunos sueltos, puede usted creer que están casi todos. De los de usted han pedido algunos de la Argentina, muy pocos, y no sé si de alguna otra República."

Considering the lack of sales, the publisher suggested: "Referente a nuevos originales suplico a usted no me mande ninguno. No vendiéndose los libros, hay que desistir de hacerlos." [11] Despite Pueyo's advise, the Cartagenan continued writing with the intention of marketing a volume of his unpublished poems; however, from 1911 to 1919, he was unable to secure a publisher. [12]

Although unsuccessful in this effort, the decade of the 1910's was important for López' career. During this period his poetry appeared extensively in South American and European magazines and newspapers. Alfonso Amadó Claros has preserved several letters to López from periodicals requesting unpublished poetry; these include *La Lectura* of Madrid, *El Tiempo* of Bogotá, *El Renacimiento* of Ecuador, *Nosotros* from Argentina, and *El Repertorio Americano* of Costa Rica. These and many other journals and papers helped to disseminate his works and were primarily responsible for his popularity in South America and elsewhere. While his collaboration with these periodicals increased his

---

[10] Letter to López from Gregorio Pueyo, October 12, 1909 (see appendix).
[11] Letter to López from Pueyo, August 16, 1912 (see appendix).
[12] Amadó Claros, interview, Cartagena, January, 1972.

renown, it did not bring him financial gains. Reportedly, *El Tiempo* of Bogotá was the only one to offer payment, twenty pesos per poem. [13]

In addition to intending to publish poetry, López hoped to publish a novel entitled "Los indefensos." The first reference to this work is found in *De mi villorrio*. It is included in a section announcing the author's other works in preparation. [14] In a letter to "el tuerto," dated June 4, 1918, Alberto Hidalgo also refers to this work: "Ignoro si ya se ha publicado su novela 'Los indefensos' que anunció usted." [15] Aníbal Esquivia Vásquez reports that López wrote a few chapters which were forwarded to an unidentified publisher. The poet confided to Esquivia Vásquez that in order to finish the work, he was hoping for "un nuevo consulado en el Tibet." [16] Whether he was speaking seriously is debatable, but neither the consular position nor the book was realized. Today there is no information indicating the content or fate of the novel. [17]

By the end of the decade, López' search for a publisher was over. In 1919 he wrote to Unamuno: "Hoy voy a publicar, mi querido maestro, otro libro de mis versos en la Casa Editorial-América de Madrid." [18] The book referred to was the first edition of *Por el atajo*. [19] "El tuerto" first sent a copy of the volume to Unamuno saying, "Antes de enviar los originales, que me pide Rufino Blanco Fombona, prefiero esperar un poco, pues deseo que lea Vd. algunos de mis versos, y deseo —y ya esto es mucho desear— que Vd. me dé su opinión acerca de ellos, sólo cuatro palabras suyas que yo publicaría con honor al frente de mi libro." [20]

When the work was eventually forwarded to the Casa Editorial-América, Blanco Fombona refused to publish it because it

---

[13] Amadó Claros, interview, Cartagena, January, 1972.
[14] López, *De mi villorrio*, p. 5.
[15] Letter to López from Alberto Hidalgo, June 4, 1918 (see appendix).
[16] Esquivia Vásquez, p. xix.
[17] Amadó Claros, interview, Cartagena, January, 1972.
[18] Letter to Miguel de Unamuno from López, May 5, 1919 (see appendix).
[19] López, *Por el atajo* (Cartagena, 1920). A reproduction of the original was secured from the University of Texas.
[20] Letter to Miguel de Unamuno from López, May 5, 1919 (see appendix).

contained a prologue by the Cuban poet, Emilio Bobadilla, also known as Fray Candil. Bobadilla, insulted by Blanco Fombona's refusal, replied that "Fombona era un descrestador, un criminoloide y otra porción de cosas por el estilo." Because of the altercation, the book was returned to Cartagena, and, as López recalled several years later, at least 150 sonnets had been lost. He further noted that these poems represented "lo mejor de mi obra, al menos lo que yo más estimaba." [21]

When the first edition of *Por el atajo* was published by Mogollón in 1920, it contained seventy-five poems. Several selections had been previously published in magazines and newspapers. For example, a 1918 volume of *Nosotros* included the following poems from this collection: "Medio ambiente," "A un perro," "Croquis lugareño," "Noche señera," "Apuntes callejeros," and "Tedio de la parroquia." [22]

Between 1921 and 1928, López' primary problem was again the lack of a publisher. Nevertheless, he continued writing, and in 1922, a series of poetic letters was exchanged with Jorge Mateus, a poet of Bohemian tendencies from Bogotá. [23] The letters, published in Cartagena, offer an example of López' satirical portrayal of the life and people of that city. Only the second of these three letters has been preserved:

>   Segunda carta a Jorge Mateus
>   Sublime y caro amigo:
>   Te contesté
>   tu epístola admirable,
>   que no he tirado al cesto
>   de los papeles, sino
>   que mandaré por cable
>   a la notable
>   tierra del tocino
>   y de los BUILDINGS de cuarenta pisos,
>   para ser publicada
>   ¡ay, entre los avisos
>   de la "Emulsión de Scott" y "No es por nada."

---

[21] Romualdo Gallego, *Crónicas, cuentos y novelas* (Medellín, Colombia, 1938), p. 184.
[22] "Poesía americana," *Nosotros*, XII (May, 1918), 463-465.
[23] Esquivia Vásquez, pp. xxv-xxvii.

"¿Te ha hecho tragar saliva
pensar en el Bonquito?... ¡Ah, pobre
   hidalgo,
que vas a la deriva
sin rocín y sin galgo
y sin chambergo!...
¡Cómo te has vuelto loco
y más que loco en Cartagena!... ERGO,
¡ya debiste comer arroz con coco!...

¡Que son más que locuras
de tu alimentación cartagenera,
tratar de indisponerme con los curas
—que es una tiradera—
y con la sociedad, con esta
tan infantil y austera,
que muere mansamente
—si no es de tosferina— de papelina!

Pues dice que he pensado
—¡y no he pensado nada!—
que está muy atrasado
este rincón amado
de mi heroica ciudad amurallada,
donde el sol nos abruma,
nos ajuma
y nos hace tumbar en una estera,
¡como si aquí cualquiera
no supiera
bañarse con totuma!...

No he sido Diputado,
—según inquieres. Y no he sido cura
¡ay, por mi desventura!
Por eso estoy fregado.
Pues con un balandrán y la tonsura,
reíte a carcajadas
si te dan en un rapto de locura,
toneladas de radium, ¡toneladas!...

Y me dices también, por otra parte,
que hay que virar de bordo... a la Machina,
con música, estandarte
y un cartucho de nitroglicerina,
me llevarás a recibir a Marte,
quiero decir, a Pedro Nel Ospina.

> Y sí allí entusiasmado
> como el oso Martín con el pandero,
> no me da su Excelencia un Consulado
> y a ti te pone en calidad de cero,
> por más que a ese señor lo quieren mucho
> Martínez y Román, Gómez Recuero
> y "Sincerín," ¡le tiras el cartucho! ...
>
> Y en cuanto a la canoa
> ¡pues que la arrime el yanquí, que la arrime!
> ...
> Porque será sublime
> no sólo ir a Mocoa,
> sino a Sing Sing...
>
>   Y como, ilustre amigo
> me siento iluminado
> cual un fakir a sombra de tejado,
> que se mira el ombligo
> y no le teme
> ni a Herrera y Buda y Pedro Nel, te digo
> ¡que nos iremos todos a la m! ...[24]

In 1922 López became the central figure of a local drama. On July 2, the second "Juegos florales" of Cartagena were held to pay homage to the student queen, Maruja de León. All those interested were invited to submit sonnets in her honor. A panel of judges composed of López, Daniel Lemaitre, Gabriel Porras Troconis, and Eduardo Ferrar granted the prize to the following sonnet:

> ¡Sepa S. M. doña María
> de León y del Castillo que deseo
> tañer —melificando mi alegría—
> la guzia estudiantil en su torneo! ...
>
> Oh, si pudiera, audaz en mi osadía,
> llevar como un olímpico trofeo
> —para divinizaros, Reina mía—
> la melodiosa cítara de Orfeo! ...
>
> ¡O tornar a los tiempos de la incauta
> vida del sacro Pan, el de la flauta
> pastoril de los siete áticos trinos,

---

[24] López, "Carta segunda a Jorge Mateus," *Viernes Literarios*, n.d., no pagination.

para cantaros, Soberana y Diosa,
mientras las ninfas, en la paz umbrosa,
trenzan risueños bailes campesinos!...

The sonnet was submitted as being written by "Juan Cualquiera." Antonio Guerra, a Lebanese barber, claimed that he was Juan Cualquiera. Many cognizant of Guerra's limited talent, however, attributed the sonnet to López. A rather lengthy polemic concerning its authorship ensued. The debate was referred to as the "proceso del libanés." The matter was not resolved until "el tuerto" admitted that the sonnet was his and offered the following explanation:

> Por aquel soneto casi me matan los estudiantes. Al lado de mi tienda tenía su barbería el libanés que dedicaba más tiempo a escribir malos cuartetos que a pelar bien. Cuando surgió el concurso literato, se le metió entre tijera y peine enviar un soneto al concurso. Y claro yo fui la víctima propiciatoria.
> El día del escrutinio nos reunimos los miembros del Jurado y empezamos a leer sonetos y más sonetos... Al encontrar Daniel Lemaitre el de Juan Cualquiera, le vaticinó el premio. Cuando terminamos de leer el último, convino el Jurado, a excepción mía, en premiar el de Juan Cualquiera. Al tener conocimiento Antonio S. Guerra de que había sido premiado su soneto (que era mi soneto), corrió la noticia y no faltó quien me señalara como el verdadero autor. Vino la consiguiente protesta de los estudiantes, acusándome de 'perverso burlador del estudiantado y de la sociedad.' ¡Pidieron mi cabeza! Pero mi hermano Benito les hizo desistir de sus intenciones decapitadoras. La noche de la coronación de la Reina en el Teatro Municipal, se abrió el sobre correspondiente al pseudónimo Juan Cualquiera y realmente resultó ser Antonio S. Guerra (libanés). Aquello fue el crujir de murmullos. Pero no se podía atar al libanés y el libanés subió en dos pies al proscenio y recitó el soneto premiado. Después vino la polémica por la Prensa.[25]

Although López amused himself with such antics as the "Proceso del libanés" during the 1920's, his primary objective was to

---

[25] Esquivia Vásquez, pp. xxiii-xxv.

publish a volume of his complete works. Concerning this intention, he wrote to his friend L. Borda Roldán then living in Paris:

> Bien puedo complacer, como Vd. me pide a los Srs. Ventura García Calderón y Zerega Fombona, a quienes conozco y admiro, enviándoles un libro de versos míos para su publicación. Casualmente estoy en condiciones de satisfacer a dichos señores, pues debido a una proposición que me hicieron los Srs. Luis Tamayo y Cía. de Bogotá, proposición que no he aceptado, tengo lista una obra para darla a la imprenta. Los Srs. Tamayo y Cía. me ofrecieron editar mi libro por su cuenta, dándome el 40 % del producto de la obra, deduciendo, naturalmente, el costo de la edición; pero como el tiraje era muy corto —de 3 a 5.000 ejemplares— y como creo con humildad que mi libro es definitivo, pues he seleccionado todos mis versos de mis cuatro librejos ya agotados, añadiendo muchas composiciones sin tomificar e inéditas, he creído prudente no cerrar el negocio con los referidos señores, aparte de que la obra no saldría de Colombia, debido como le he dicho, a que el tiraje sería muy pequeño para enviar a los diferentes países suramericanos. [26]

On August 17, 1925, López wrote to Unamuno with reference to the content and title for his complete works: "Acabo de recibir una carta de mi amigo L. Borda Roldán, comisionado por los Srs. Ventura García Calderón y Zerega Fombona para pedirme un libro de mis consonantes, que dichos señores desean tomificar en su casa editora. Tengo preparado el libro. Se llama 'Deja que digan'.... de mis cuatro librejos ya agotados, he hecho una escrupulosa selección de mis 'renglones cortos,' añadiendo un sin número de composiciones inéditas para formar un volumen de 300 a 400 páginas, que será impreso a todo lujo, según espontánea oferta de los editores." [27]

Although it seemed that the complete work would be published in Paris, by 1926 problems had apparently arisen; López referred to the delay in publication in a letter to L. Borda Roldán dated January 22, 1926:

---

[26] Letter to L. Borda Roldán from López, August 17, 1925 (see appendix).
[27] Letter to Unamuno from López, August 17, 1925 (see appendix).

> Tengo hace dos meses en mi poder su muy atenta y afectuosa carta del 4 de Octubre del año pasado, que no había contestado antes esperando lo que Vd. me decía en ella: que los señores García Calderón y Zerega me dirían de un momento a otro si aceptaban o no las proposiciones que por conducto de Vd. me permití ofrecerles acerca de la edición de un libro mío. Como hasta la fecha no he sido favorecido con la respuesta de los mencionados señores, y como tengo unas ofertas de la Argentina, de Méjico y de este nuestro país para tomificar definitivamente mis versos, le suplico encarecidamente se acerque a dichos editores "para ver cuántos somos y cuántos quedamos." Naturalmente no le oculto a Vd. que me agradaría más que todo hacer en París una edición de mis consonantes; pero, como dijo el poeta, "el tiempo es largo y la materia corta." [28]

Neither the offer of Calderón and Zerega nor the ones from South American companies materialized. Thus, López' complete works did not appear.

Disappointed by this inability to publish a definitive edition, "el tuerto" reluctantly allowed Jacob Delvalle and Luciano Espinosa, editors of Mogollón in Cartagena, to print a second edition of *Por el atajo*.[29] This volume supposedly contained many of the unpublished poems included in "Deja que digan." With reference to obtaining permission to publish the work, the editors state: "Después de larga lucha, hemos conseguido que Luis Carlos López, el genial poeta colombiano, nos haya cedido mediante un arreglo con nuestra casa editorial, la publicación de su obra de versos, que él considera definitiva." The book contains fifty-one poems, forty-eight of which are reproduced in the poet's handwriting. The editors add: "Haciendo verdaderos esfuerzos económicos, damos la obra zincografiada, porque hemos logrado quitarle al célebre y popular potalera los originales de su puño y letra."[30] López sent three typewritten poems from Germany. These are included at the end of the volume. Two of them were composed

---

[28] Letter to Borda Roldán from López, January 22, 1926 (see appendix).

[29] López, *Por el atajo*, 2nd ed. (Cartagena, 1928). A copy of the original edition of this work was obtained from the University of California at Berkeley.

[30] López, *Por el atajo*, 2nd ed., p. 5.

by López, and the third, written by Evaristo Carrillo, was dedicated to "el tuerto."[31]

Although López' last volume of poetry was published in 1928, he continued writing almost until his death in 1950. It is certain

---

[31] A survey of López' five volumes indicates that several poems appeared in more than one. "Trazo" first appeared in *De mi villorrio* (p. 69). The same poem is found without title, but numbered XII and II, in sections headed "Despilfarros" in both *Posturas difíciles* (p. 67) and *Por el atajo* (1st ed., pp. 29-30). Initially published in *Varios a varios* (p. 41), "Mientras los burgueses" is included in both editions of *Por el atajo* (1st ed., pp. 99-100; 2nd ed., pp. 56-57) with the titles "Pasas" and "Pasas por la calle," respectively. "Emoción vesperal" and "Otra emoción" are found in both *Varios a varios* (p. 43) and *Por el atajo* (2nd ed., pp. 101-102). First found in *Varios a varios* (p. 50), "Es una tarde otoñal" also appears in *Por el atajo* (1st ed., pp. 43-44) as poem IV in the section entitled "Despilfarros."

Poems included in both editions of *Por el atajo* with no change of title are: "Lector" (1st ed., pp. 21-22; 2nd ed., pp. 11-12); "Seguí, después por el atajo" (1st ed., pp. 23-24; 2nd ed., pp. 13-14); "De tiempo en tiempo" (1st ed., pp. 25-26; 2nd ed., pp. 15-16); "En Guambaro" (1st ed., pp. 121-122; 2nd ed., pp. 52-53); "A mi ciudad nativa" (1st ed., pp. 29-30; 2nd ed., pp. 41-42); "Fabulita" (1st ed., pp. 33-34; 2nd ed., p. 87); "A un perro" (1st ed., pp. 55-56; 2nd ed., pp. 69-70); "Versos a la luna" (1st ed., pp. 57-58; 2nd ed., pp. 43-44); "Mientras un ruiseñor" (1st ed., pp. 59-61; 2nd ed., pp. 71-72); "In memoriam" (1st ed., pp. 67-68; 2nd ed., pp. 75-76); "Noche de pueblo" (1st ed., pp. 69-71; 2nd ed., pp. 99-100); "Serenata" (1st ed., pp. 72-74; 2nd ed., pp. 77-78); "Versos para ti" (1st ed., pp. 81-82; 2nd ed., pp. 79-80); "A satán" (1st ed., pp. 83-84; 2nd ed., pp. 73-74); "Apuntes callejeros" (1st ed., pp. 87-88; 2nd ed., pp. 81-82); "Tedio de la parroquia" (1st ed., pp. 89-90; 2nd ed., pp. 83-84); "A un bodegón" (1st ed., pp. 91-92; 2nd ed., pp. 60-61); "Medio ambiente" (1st ed., pp. 93-94; 2nd ed., pp. 85-86); "Fabulilla" (1st ed., pp. 97-98; 2nd ed., pp. 49-50); "Siesta de trópico" (1st ed., pp. 101-102; 2nd ed., pp. 62-63); "Se murió Casimiro" (1st ed., pp. 107-108; 2nd ed., pp. 47-48); "Para vuestra merced" (1st ed., pp. 109-110; 2nd ed., pp. 45-46); "Salutación" (1st ed., pp. 111-114; 2nd ed., pp. 66-68); "Égloga tropical" (1st ed., pp. 115-120; 2nd ed., pp. 107-112); "Brindis" (1st ed., pp. 123-124; 2nd ed., pp. 64-65), and "Día de procesión" (1st ed., pp. 127-128; 2nd ed., pp. 104-105).

Certain poems are included in both editions of *Por el atajo* with changes of title: "Despilfarros I" (1st ed., pp. 37-38) was later entitled "Misantrópica tarde" (2nd ed., pp. 54-55); "Despilfarros III" (1st ed., pp. 41-42) was later entitled "Naturaleza irónica" (2nd ed., pp. 90-91); "Despilfarros VI" (1st ed., pp. 47-48) became "Noche señera" (2nd ed., pp. 92-93); "Despilfarros VII" (1st ed., pp. 49-50) became "Versos futuristas" (2nd ed., pp. 94-95); "Despilfarros X" (1st ed., pp. 53-54); "Hay que comer carne de gato" (2nd ed., pp. 97-98); "Despilfarros IX" (1st ed., pp. 51-52); "Película" (2nd ed., p. 96); and "Muchachas de provincia" (1st ed., pp. 62-63), "Muchachas solteronas" (2nd ed., pp. 58-59).

that he intended to publish one more collection. According to
Esquivia Vásquez, "La situación económica de López es dificultosa.
Razón por la cual no puede editar sus libros inéditos especial-
mente el que titula 'Algo es algo.' No obstante esa pobreza de
su bolsa, resiste toda tentación de renunciar sus derechos de autor.
'Algo es algo' se publicará así como así." [32]

While "Algo es algo" never materialized, many of López'
poems written after 1928 were published in journals and anthologies, such as the following, written in 1938:

> No llores por la insólita, por la fugaz partida
> de aquel mi noble amigo... Reprime tu dolor,
> que nadie sufre y pone la faz adolorida,
> si se mustia y se dobla para siempre una flor...
>
> ... De aquel mi compañero que supo en esta vida,
> discretamente, bálsamo de todo sinsabor,
> secar aquí una lágrima, curando allá una herida,
> quizás en vano... porque fue casi un Redentor.
>
> Por eso en este mundo, que es sólo una emboscada,
> querida madrecita de aquel mi camarada,
> no hay que rezar por nadie, tampoco hay que llorar,
>
> y, cual la piedra pómez, ser duro y no ser blando...
> ¿Pero qué voy diciendo... ¡Si estoy aquí llorando,
> y contigo me pongo, si quieres, a rezar! [33]

Very little is known about the poetic theories which guided
López. Since he considered poetry a pastime and not an art to be
cultivated, he kept neither detailed notes nor original manuscripts. [34] In addition, he was generally reluctant to discuss the
principles underlying his poetic creations, as Amadó Claros
confirms: "Evitaba [López] entrevistas, conversaciones sobre su
vida, su obra, etc." and "no discutía con nadie sus creaciones
poéticas." [35] On one occasion Romualdo Gallego attempted to
solicit the Cartagenan's opinion of himself as a poet. López

---

[32] Esquivia Vásquez, p. xxvi.
[33] López, *Selección de versos* (Cartagena, Colombia, 1946), p. 44.
[34] López Escauriaza, interview, Cartagena, January, 1972.
[35] Amadó Claros, personal letter, March 24, 1972.

evasively replied: "Hombre ésa es una postura ... demasiado difícil para mí."[36] On another occasion Esquivia Vásquez tried to ascertain the poet's opinion of *piedracielismo*.[37] To this inquiry, López replied: "El piedracielismo no solamente no tiene pies ni cabeza, sino tampoco tiene ombligo."[38] Another incident arose from the attempt by the Biblioteca Nacional de México to assemble an anthology. In a response to a request for information about his life and his works, "el tuerto" fabricated the following list of accomplishments, according to Esquivia Vásquez:

> Los [datos] solicitó directamente a López, quien burla burlando, envió los siguientes: López, Luis C., Doctor. Ha publicado: "Algo de crítica," "El huerto de Nazaret," "Proscenio bárbaro," "María Paz" (novela), "Abajo las mitras" (cartilinarias anticlericales), "La vaca peluda" (cuento popular), "De mi villorrio," "Varios a varios." Ha colaborado en "El pendón azul," "El luchador," etc., etc. Doctor en medicina, especialista en obstetricia. De la Academia de Medicina de Bogotá; de la Academia de Ciencias en Madrid; de la Academia de Historia y del Instituto Politécnico Martínez Olier. Ha sido profesor de Anatomía Patológica; de Química Orgánica; de Física Médica y de Historia de la Literatura Universal. Ha sido

---

[36] Gallego, p. 180.

[37] The Colombian literary movement *piedracielismo* appeared in the mid-1930's. Enrique Anderson Imbert observes that it was called *piedracielismo* "because of their notebooks of poetry named *Stone and Sky*. That they should have taken as a name the title of that book of Juan Ramón Jiménez was already a definition. Nevertheless, there is not only the influence of Juan Ramón Jiménez there. It was a generation that had its origin in the Spanish poets of '25 (Alberti, Diego, Salinas, García Lorca) and also in the Hispanic-American (Huidobro, Neruda). The *stoneandskyists (piedracielistas)* formed a group with unity of style: the vocabulary and the syntax, the meters and the strophes, the metaphors and even the themes indicate that, although each one had his own personal accent, they all departed from the same poetic position... Their verses were svelte and moved through the air with light and flexible grace. On fleeing from pomp and eloquence, they did not turn to a magic, dreamy, or intellectual language, rather they cultivated a poetry of dignity and circumspection, more artistic than vital.... All these *stoneandskyists* imposed an art of verbal subtleties and esthetic experiences that until then had been resisted by the public." *Spanish American Literature: A History*, trans. by John V. Falconieri (Detroit, 1963), p. 447. Participants in the movement were Eduardo Carranza, Jorge Rojas, Arturo Comacho Ramírez, Darío Samper, Tomás Vargas Osorio, Gerardo Valencia, and Carlos Martín.

[38] Esquivia Vásquez, p. xxv.

diputado, representante, senador y Ministro del Despacho de Salubridad Pública (hoy Instrucción y Salubridad), Consejero Municipal de Cartagena, Procurador del antiguo Estado Soberano de Bolívar, Rector de la Facultad de Medicina y Secretario de Gobierno del Estado de Bolívar. Actualmente desempeña la Secretaría de Instrucción Pública del mismo Estado, hoy Departamento. [39]

Thus, through such evasive tactics, López managed to shroud his poetry in mystery, even to his family and close friends who are living today.

In addition to writing poetry, López extensively used the medium of correspondence to cultivate the friendship of contemporary literary figures. [40] The series of letters exchanged with these artists was apparently initiated by sending them either selections or entire volumes of his works. While several of these letters have been lost, Amadó Claros has located many through a search spanning two continents and more than twenty years. These messages indicate that López corresponded with Manuel Ugarte, Unamuno, Rubén Darío, Amado Nervo, Alberto Hidalgo, and Emilio Bobadilla.

López corresponded with Ugarte from 1907 to 1909. Of this correspondence, four letters remain. López' letter to Ugarte, dated September 6, 1907, requested that the Argentinean consider including one of "el tuerto's" sonnets in his anthology. [41] In a letter to Ugarte, dated February 6, 1909, López thanked the critic for his book entitled *Las nuevas tendencias literarias* and asked to be recommended to the editors of the Librería Allendorf. [42] A third letter to Ugarte, dated May 5, 1909, expressed López' appreciation for his recommendation to the Librería Garnier and noted an agreement consumated with the publisher Pueyo. [43] In the last letter, dated December, 1909, Ugarte relayed his gratitude to

---

[39] Esquivia Vásquez, pp. xii-xiii.
[40] Amadó Claros and López Escauriaza, interviews, Cartagena, January, 1972.
[41] Letter to Manuel Ugarte from López, September 6, 1907 (see appendix).
[42] Letter to Ugarte from López, February 6, 1909 (see appendix).
[43] Letter to Ugarte from López, May 5, 1909 (see appendix).

López for a copy of *Posturas difíciles* and for the dedication of this volume to him.[44]

The correspondence between López and Unamuno covers a period of twenty years. Of this exchange, six letters remain. Unamuno's letter to López, dated May 30, 1908, acknowledged receipt of *De mi villorrio*. This letter offered the poet advice on the composition of poetry and a favorable critique of *De mi villorrio*.[45] The letter to Unamuno, dated May 5, 1919, speaks of the existence of *De mi villorrio* and *Posturas difíciles*. It also announced a third volume of poetry to be published by the Casa Editorial-América in Madrid and requested the Spanish master to provide a few prefatory remarks to accompany the volume.[46] A second letter to López, dated January 7, 1921, offered him a prologue for his next book and discussed the decaying political situation of Spain.[47] In the next letter of the series, dated August 26, 1921, López noted briefly the political situations of Spain and Colombia and provided some biographical information about himself.[48] In the letter to Unamuno of August 17, 1925, "el tuerto" announced that he had published selections from Unamuno's *De Fuerteventura a París* in the newspaper *La Patria*, directed by his brother Domingo. He noted also his intention to publish a volume of his own complete works.[49] A final letter to Unamuno, dated October 28, 1928, briefly noted the political situation in Spain and promised to send him a copy of the second edition of *Por el atajo,* which was being published in Cartagena.[50]

Of the correspondence between López and Amado Nervo, one letter, dated August 20, 1912, has been saved. In it Nervo thanked the former for a copy of *Posturas difíciles* and promised to publish selections from it in *Magazini*, which Nervo was directing.[51]

Three letters have been found which indicate that López corresponded with Darío. A letter to the Modernist, dated December

---

[44] Letter to López from Ugarte, December, 1909 (see appendix).
[45] Letter to López from Unamuno, May 30, 1908 (see appendix).
[46] Letter to Unamuno from López, May 5, 1919 (see appendix).
[47] Letter to López from Unamuno, January 7, 1921 (see appendix).
[48] Letter to Unamuno from López, August 26, 1921 (see appendix).
[49] Letter to Unamuno from López, August 17, 1925 (see appendix).
[50] Letter to López from Amado Nervo, August 20, 1912 (see appendix).
[51] Letter to López from Amado Nervo, August 20, 1912 (see appendix).

7, 1911, requested that he publish several of López' poems in the *Mundial*. These selections accompanied the letter. López also announced his intention to travel to Paris to meet Darío personally.[52] A letter to López, dated January 20, 1912, informed him that *Mundial* could not accept his type of poetry and acknowledged unenthusiastically López' intention to visit Paris.[53] The last letter of the series with Darío, dated April 17, 1912, contained López' sarcastic reply to Darío's refusal to publish his poetry.[54]

Of López' correspondence with Hidalgo, two letters have been located. A letter to López, dated June 4, 1918, inquired about a copy of *De mi villorrio* López had promised to send Hidalgo. The existence of López' promissory letter to Hidalgo is unknown. The Peruvian also inquired about the status of "Los indefensos" and discussed his intention to write a critical analysis of López' poetry.[55] A second letter, dated July 15, 1922, informed López that Hidalgo had received a copy of the first edition of his latest book, *Por el atajo* and condemned Emilio Bobadilla's prologue to the volume.[56]

Two letters remain of the correspondence between Bobadilla and López. A letter to the latter, dated April 15, 1920, informed him that Bobadilla had received a preliminary copy of the first edition of *Por el atajo* and that he would write the prologue to this work as had been requested by the author.[57] A second letter to López, dated June 16, 1920, expressed the Cuban's gratitude for a collection of magazines which López had sent him and briefly offered Fray Candil's opinion of Colombia's economic situation.[58]

While many of the letters written by López have been lost, those located offer examples of a pastime which he cultivated and valued highly. Despite the recognition of well-known writers, which he received through this correspondence, López reaped little financial gain and honors from his poetry.

---

[52] Letter to Rubén Darío from López, December 7, 1911 (see appendix).
[53] Letter to López from Darío, January 20, 1912 (see appendix).
[54] Letter to Darío from López, April 17, 1912 (see appendix).
[55] Letter to López from Alberto Hidalgo, June 4, 1918 (see appendix).
[56] Letter to López from Hidalgo, July 15, 1922 (see appendix).
[57] Letter to López from Emilio Bobadilla, April 15, 1920 (see appendix).
[58] Letter to López from Bobadilla, June 16, 1920 (see appendix).

He achieved other honors, however. In 1927 he was named corresponding member of the Hispanic Society of America.[59] In 1940, despite the fact that he was not in Cartagena, but Baltimore, his native city paid him homage by staging a symbolic poetic coronation. When López was informed of the impending event, he wrote the following poems:

> *A Camila Walters,*
> *cómplice de los Juegos Florales*

... ¡Conque me van a coronar!... ¿Se ha visto
más burda y más imbécil tiradera
que la de coronarme como a un Cristo
que no ha de redimir ni a una portera?...

¡Si a lo menos me hubiese dado el pisto
de ser un vate absurdo!... Si me hubiera
dedicado a vivir de lo imprevisto,
portando alborotada cabellera,

pipa y gozque lanudo, ¡qué sombrero
de melodrama para mi persona,
mejor que esa corona asaz divina,

que hubiese mal vendido a un usurero,
para irme alegre y sin la tal corona,
con mi pipa y mi perro a una cantina!

Mas como soy un buen burgués, y acaso
no tengo un pelo de infeliz, recelo
que irán, que sólo irán hacia el fracaso
los que hoy me tratan de tomar el pelo...

Pues no me obligarán ni con un vaso
de anís de coco, a remontarme al cielo
tan desacreditado del Parnaso...
...Que suban otros con el raudo vuelo

del águila caudal, que yo a la cama
me voy con cierta beatitud ramplona
que me ha dejado un buen café con leche,

para soñar, tranquilo y en pijama,
que me comí la celestial corona,
mi olímpica corona, en escabeche...[60]

---

[59] Amadó Claros, interview Cartagena, January, 1972.
[60] López, *Selección de versos*, pp. 95-96.

After the coronation took place October 12, 1940 López sent Jacob Delvalle the following poem:

> ¡Me coronaron!... ¡Ay! me han coronado
> con premeditación y alevosía,
> por el pecado, el infeliz pecado
> de hilvanar unos versos... ¡Con qué fría
>
> sangre de horchata, y lejos de murado
> cubil de mi ciudad, cuando dormía
> me cogieron lo mismo que a un venado,
> sin poderme encarar con la jauría!...
>
> Para después, inútil como un zote,
> dejarme con mi fama de trovero,
> condenado a no ser ni un lavaplatos,
>
> pues con una corona hasta el cogote...
> me dirán cual si fuese un zapatero
> remendón: ¡Zapatero... a tus zapatos!...[61]

Since López' symbolic coronation was of a transitory nature, the city of Cartagena established in 1958 a permanent memorial to her most famous poet. Eight years after López' death, the monument known as "Los zapatos viejos" was erected at the entrance of the city. This serves as a continuous reminder of the poet who professed the affection for Cartagena that one has for a pair of old shoes. In addition to the wrought-iron statue, plans are currently underway to build a museum to house the personal effects of "el tuerto López."[62]

---

[61] López, *Selección de versos*, pp. 97-98.
[62] Amadó Claros and López Escauriaza, interviews, Cartagena, January, 1972.

CHAPTER III

THEMES

After dominating Spanish American literature for nearly two decades, Modernism's influence began to decline during the early 1900's. An aspect of the reaction against this movement was found in the choice of themes. As Frederick S. Stimson notes, "With respect to themes, Modernism's cosmopolitanism, hedonism, reminiscence of glamorous past epochs, and so forth are replaced by the male Postmodernists' concern for the problems, types, scenery, customs, and beauties of the native land and for the surrounding humble life and objects."[1] Orlando Gómez-Gil similarly observes, "Lo esteticista deja de ser el centro poético: lo es ahora la intimidad del poeta, la realidad que lo rodea."[2] Typical of the poets who wrote in the shadow of Modernism was Luis Carlos López, whose period of greatest poetic activity occurred between 1908 and 1928. His themes, drawn from experience of daily life, dealt with the environment, love, and certain personal conflicts and concerns.

Poetry inspired by the environment constitutes the largest thematic group of López' works. Selections pertinent to this category deal with the following aspects of his surroundings: nature, daily activities, the people, and social obligations.

The poems in which nature constitutes the principal motif are found primarily in López' first three volumes: *De mi villorrio,*

---

[1] Frederick S. Stimson, *The New Schools of Spanish American Poetry* (Chapel Hill, 1970), p. 26.
[2] Orlando Gómez-Gil, *Historia crítica de la literatura hispanoamericana* (New York, 1968), p. 479.

Posturas difíciles, and *Varios a varios.* Based upon his personal experience with the natural setting, these poems indicate López' sensitivity to the sights and sounds of nature. Since he described only those aspects of nature which appealed to him, the vast spectrum of this theme was not covered. One of his favorite facets was dawn. In "horas de paz" he voiced a preference for this time of day saying "es un placer sentir llegar el día, con la frescura del amanecer" (DMV, pp. 115-116). The pleasure derived from daybreak is again expressed in "Cromo" with its pleasing mixture of sights and sounds:

> En el recogimiento campesino,
> que viola el sollozar de las campanas,
> giran, como sin ganas,
> las enormes antenas de un molino.
>
> Amanece.—Por el confín cetrino
> atisba el sol de invierno. Se oye un trino
> que semeja peinar ternuras canas,
> y se escucha el dialecto de las ranas...
>
> La campiña, de un pálido aceituna,
> tiene hipocondría, una
> dulce hipocondría que parece mía.
>
> Y el viejo Osiris sobre el lienzo plomo
> saca el paisaje lentamente, como
> quien va sacando una calcomanía...
>
> (DMV, pp. 49-50)

Dusk was another aspect of nature which pleased him. From this time of day, he derived the same sense of well-being which he experienced at dawn. In "Desde mi predio," he captured the serenity of the countryside at vespers:

> Divide el cromo una encina
> venerable. —Un vespertino
> silencio de campesina
> paz humilde—. Hay un molino
>
> rojo, una verde colina
> y en el fondo azul marino,
> como en una cartulina
> postal, se aleja el camino...

THEMES 53

> Después, por el otro lado,
> el remiendo inesperado
> de un alegre caserío,
>
> la epilepsia de un torrente
> y la escamosa serpiente
> tornasolada del río...
>
> (PD, pp. 31-32)

Although "Desde mi predio" stresses agreeable facets of nature, López did not idealize her nor suppress disagreeable aspects. His second interpretation of twilight, found in "Va cayendo la noche," emphasizes nightfall's unpleasant images which depict it as a mysterious, almost sinister, time:

> Torva concavidad opalescente
> de un cielo que hace recordar la orina
> de los hipocondríacos. Lentamente
> se apaga la retina
>
> del sol, un sol ingente,
> lacio y senil. El mar hoy que no amotina
> su carapacho: duerme mansamente
> con pesadez de fofa gelatina.
>
> Cierra la noche, fúnebre moldura,
> la vesperal cisura.
> Y a la mueca truncada
>
> del faro —mueca que ilumina el cromo,
> tiembla el paisaje como
> si lo rasgasen de una cuchillada...
>
> (PD, pp. 86-87)

Two additional poems in which López portrayed a similarly disagreeable view of nature are "Despilfarros III" and "Paisaje de Zorrollo." In the former the warmth pervading "Cromo" and "Desde mi predio" are replaced by coldness as the poet described a tropical storm:

> Todo es sórdido: un río
> turbio como un reptil
> soñoliento que cruza el caserío.
> Mientras subraya el frío
> sempiternos crepúsculos.

> Intermitentemente
> desgrana el cielo gris
> su crónica cistitis. Un ambiente
> de sótano, un ambiente
> palúdico y viscoso.
>
> (PD, p. 57)

"Paisaje de Zorrollo" reiterates the theme of a tropical storm. The beauty of the morning disappears, to be replaced by the unpleasant aspects of a storm:

> Llueve de un modo
> diagonal. El río
> anaranjado. Y todo el caserío
> toma el color del yodo
> sobre la piel.
>
> Ni un vuelo
> mancha el fondo amarillo
> de la mañana
> singular. Y el cielo
> como les gusta al grillo
> y a la rana...
>
> (VAV, p. 38)

In "Emoción vesperal" López summarized his attitude toward nature. His theme is a succinct reminder that nature possesses both beauty and ugliness which often exist in proximity:

> Perfume delicado
> de flor
> y de retoño. Olor de prado
> sentimental, un exquisito olor...
>
> Pero bajo la ampolla
> del mismo sol,
> también hiede a fritanga de cebolla
> y col.
>
> (VAV, p. 43)

The daily activities occurring in and near Cartagena constitute another environmental aspect which interested López. His sketches of these events are found in all five volumes. As an observer, the poet described a variety of commonplace occurrences typical of

Cartagena. That no theme was too unpoetic for his descriptions can be witnessed in "Nota de viaje." Here he treated the return to the city of an old, dilapidated bus:

> Y el ómnibus senil, con su cortina
> llena de pringos [pringues], con la vetustez
> de sus flacos solípedos, camina
> como si tal, camina
> como quien juega al ajedrez.
>
> Extramuros, llevando el sedimento
> de los villorrios, vuelve a la ciudad
> sudoroso, ventrudo, soñoliento,
> con la inconsciencia de su edad.
> (DMV, pp. 33-34)

Since Cartagena was the site of the governor's palace, the city's preparations for the arrival of this dignitary were a familiar sight. In "Día de triquitraques," the poet described such a scene:

> La banda —es una murga de arrabal—
> sopla un danzón invertebrado por
> la calle principal
> de Cartagena de Indias. El rumor
>
> del inconsciente populacho es tal
> que no se oye el tambor
> ni el cornetín. —Crepúsculo invernal
> y la llegada de un gobernador.
>
> Mientras en la viscosa multitud
> que alarga —pobre carne de fusil—
> el hocico de la curiosidad,
>
> clama un borracho, pleno de vermouth,
> con acento infantil:
> ¡Qué barbaridad, qué barbaridad!
> (PD, pp. 23-24)

In "En provincia" López indicated that he was aware of children even though they rarely appear in his works. Here they function as one aspect of his description of a morning in the city:

> Las mozas y mozos
> se alejan

> por las retorcidas
> callejas.
>
> Salen
> de la iglesia
> senil. Y mañana
> quedará la aldea
> como tal: los gatos
> durmiendo la siesta
> sobre las aceras.
>
> (VAV, p. 48)

"Despilfarros VI" consists of a description of the city at night. This theme, which inspired unpoetic images, stresses the lack of meaningful activity, the only movement being that of domestic animals:

> La silueta de un perro,
> fugitiva y elástica, en un muro
> da ódicamente [odiosamente] un salto...
> Y esto asombra en la calle a un policía.
>
> Y en la noche señera, en el silencio
> de la ciudad levítica, obsesiona
> y pide una pedrada
> la impertinencia erótica de un gato.
>
> (PEA, 1st ed., pp. 47-48; 2nd ed., pp. 92-93)

Other themes include a spring outing into the country ("Versos rurales," DMV), the arrival of a group of tourists from France ("Los que llegaron de París," DMV), a beggar in the street inhaling the odor of cooking food ("Fresco amanecer," PD), the arrival of a band of gypsies ("Despilfarros VIII," PEA), events in the city square ("Despilfarros III," PEA), a romantic rendezvous ("In illo tempore," PEA), and a marriage ("En Guambaro," PEA).

While Cartagena merely provided a background for many of the poems depicting daily life, the city becomes the central theme in "A mi ciudad nativa," quoted in Chapter I. Here López blends relevant facts of Cartagena's illustrious past with details of his contemporary city. His admiration and nostalgia for the glorious days of the sixteenth century are evident; so are his tolerance of and affection for the present city.

With a similar blend of material from the past and present, López described several streets still in existence in Cartagena today. These sonnets were published in Aníbal Esquivia Vásquez' anthology of 1946. In the following poem about the Calle de Candilejo, the poet expressed also his hatred of a mechanized world:

>   Esa típica calle tan estrecha
>   y estratégicamente jorobada,
>   fue todo un folletín; última brecha
>   del chambergo, el embozo y la estocada...
>
>   Furtiva calle, original, como hecha
>   para don Juan Tenorio... Encrucijada
>   que aún pide una farola cuya mecha
>   crepite... ¡Ah, colonial farola ahumada!
>
>   Pero ya para siempre le han hurtado
>   sus románticas noches silenciosas,
>   con la electricidad, la gasolina
>
>   y el cemento... Rincón modernizado
>   donde hoy ninguno encuentra, entre otras cosas,
>   los polvos de la madre Celestina.[3]

The other streets of Cartagena which were celebrated in his poems are Calle de Lozano (SV, p. 11), Calle de Carretas (SV, p. 13), Calle de Tablón (SV, p. 14), Calle de San Agustín (SV, p. 15), Calle de Virrey (SV, p. 16), Calle de Tumbamuertos (SV, p. 17), Calle de Torno (SV, p. 18), and Calle de las Flores (SV, p. 19).

López scrutinized also the people surrounding him. While he mentioned all classes of citizens in his poems dealing with activities, he devoted special attention to the bourgeoisie. His impressions of this social class became themes in several poems. He offered miniature portraits as well as commentary on their vices and way of life.

"Muchachas solteronas," in which López focused upon the unmarried women, is one of the few poems where he sympathized with members of the middle class. Here he described a social code, established by a strict Catholic hierarchy, which made of the "old

---

[3] López, *Selección de versos,* ed. by Aníbal Esquivia Vásquez (Cartagena, 1946), p. 12, hereafter abbreviated as SV.

maid" a pathetic type. Spending their lives sewing and gossiping, they secretly yearned for male affection. López noted with compassion that this situation would make the devil sigh:

> Muchachas solteronas de provincia,
> que los años hilvanan
> leyendo folletines
> y atisbando en balcones y ventanas...
>
> Muchachas de provincia
> las de aguja y de dedal, que no hacen nada,
> sino tomar de noche
> café con leche y dulce de papaya...
>
> Muchachas de provincia
> que salen —si es que salen de la casa—
> muy temprano a la iglesia,
> con un andar doméstico de gansas...
>
> Muchachas de provincia,
> papandujas, etcétera, que cantan
> melancólicamente
> de sol a sol: —"Susana, ven..." "Susana..."
>
> ¡Pobres muchachas, pobres
> muchachas tan inútiles y castas!
> que hacen decir al Diablo,
> con los brazos en cruz: —"¡Pobres muchachas!"
>
> (PEA, 1st ed., pp. 62-64; 2nd ed., pp. 58-59)

López sympathized with the middle class in "Se murió Casimiro." In this poem he reviewed the life endured by Casimiro, the bell ringer of the cathedral. He also took the opportunity to chastise the clergy by alluding to their illicit love affairs:

> ... ¡Y quién podrá decir que Casimiro
> no apuró sorbo a sorbo, en un suspiro
> y otro suspiro, un cáliz de amargura,
>
> conociendo la lengua viperina
> de las devotas! ¡Conociendo al Cura!
> ¡¡Y conociendo tanto a su sobrina!!
>
> (PEA, 1st ed., pp. 107-108; 2nd ed., pp. 47-48)

In "Hongos de la riba I," the subject is the village barber. López emphasized the manner of dress and way of life of this local character, treating him in a satirical yet indulgent and humorous manner:

> El barbero del pueblo, que usa gorra de paja,
> zapatillas de baile, chalecos de piqué,
> es un apasionado jugador de baraja,
> que oye misa de hinojos y habla bien de Voltaire.
>
> Lector infatigable de EL LIBERAL. — Trabaja
> alegre como un vaso de vino moscatel,
> zurciendo, mientras limpia la cortante navaja,
> chismes, todos los chismes de la mística grey.
>
> Con el señor Alcalde, con el veterinario,
> unas buenas personas que rezan el rosario,
> y hablan de los milagros de San Pedro Claver,
>
> departe en la cantina, discute en la gallera,
> sacando de la vida recortes de tijera,—
> alegre como un vaso de vino moscatel.
>
> (DMV, pp. 61-62)

"Hongos de la riba II" provides a similarly satirical yet tolerant description of the sheriff. López observed that this character is noted for "su perfil de 'bull dog'" (DMV, pp. 62-64).

While López created characters representative of social groups, as in the previous two works, he occasionally wrote about actual people. In "De perfil," quoted in Chapter I, he painted a self portrait. The amiable humor with which he treated himself is further evident in a series of poems about several associates of the Bodegón. In one of these sonnets, "Luis C. Visbal," he described a close friend:

> Mi tocayo y colega es un sujeto
> muy singular: famoso musageta
> y a la vez comerciante... Hizo un soneto
> y... no perdió por eso la chaveta.
>
> Pues sigue trabajando sobrio y quieto
> y feliz, en su fábrica discreta...
> ¡A cada calcetín hace un cuarteto,
> y un madrigal a cada camiseta!...

> Siempre conserva, aunque le parta un rayo,
> mi colega genial la sangre fría
> de la ecuanimidad... Y al fin de fines,
>
> ¡cómo no he de adorar a mi tocayo
> si me leyó un rondel el otro día
> y hoy me regala un par de calcetines! [4]

Other *bodegoneros* portrayed included Benjamín Puche G., Jacob Delvalle, José María Lozano, Rafael Mendoza Amaris, Carlos M. Hernández, J. M. de la Espriella Abadía, Nick de Zubiría, Rafael Pinzón Riveros, Jorge Pareja Vélez, Luis A. Galofe, and Raúl Porto del Portillo.

While López' satire of the barber, the sheriff, his friends, and himself is marked by some indulgence, humor, and tolerance, in several works dealing with the politician, the clergy, and an assortment of other local characters, the satire becomes very caustic, even cruel. In "Mitin," quoted in Chapter I, he disdainfully portrayed the typical politician. In "A un perro," he reiterated his disrespect as he attributed to the politician the undesirable characteristics of a dog:

> ¡Ah, perro miserable,
> que aún vives del cajón de la bazofia,
> —como cualquier político— temiendo
> las sorpresas del palo de la escoba!
>
> ¡Y provocando siempre
> que hurtas en el cajón pleno de sobras,
> —como cualquier político— la triste
> protesta estomacal de ávidas moscas!
>   (PEA, 1st ed., pp. 55-56; 2nd ed., pp. 69-70)

Another favorite target of López' pen was the clergy. While he did not attack religious belief, he did assail the arrogance, insensitivity, and hypocrisy of certain religious leaders. In "Tarde de verano," he referred to a member of the clergy as a "canijo, cuello de ganso" (DMV, pp. 119-120). "Conductor de almas" contains an uncomplimentary portrayal of a priest:

---

[4] Daniel Delvalle ed., *Historial de El Bodegón y la Casa Nacional del Periodista* (Cartagena, 1952), no pagination.

Tal parece de mármol en el ambón: figura
que pide a gritos una montaña de escabel,
para mostrar las doce tablas de la escritura...
Sus ojos, unos ojos hechos al desnivel

de las cosas abstractas —síntoma de locura—
miran sin ver paisajes nunca vistos... En el
inalterable ritmo de la musculatura,
como la tremolante bandera de Israel,

flota el apostolado de la barba... Y domina
tan hondamente a veces su actitud sibilina
y su léxico rudo de inflexible altivez,

que sentimos delante de este titán de cara
venerable, que oficia como un cabo de vara,
no retornar al dulce candor de la niñez...
(PD, pp. 49-50)

López again satirized the clergy in "That is the question." Here the theme is the priest's way of life, which López described with considerable sarcasm:

"¿Por qué no he querido ser cura?"
Lo mismo digo yo sin ironía,
pues no quise, en mi estólida locura,
ser en mi juventud lo que hoy sería:
cura de pueblo, un bonachón de cura.

Vivir en un curato con la pía
tranquilidad del alma y sin la oscura
perspectiva del pan de cada día...
¡Y todo por llevar una tonsura!

Gordo y feliz, —no flaco y maldicente [maldiciente],
masón y radical— con elocuente
y corajuda voz, ¡qué de sermones

no hubieran sido los sermones míos,
contra esos más que bárbaros impíos
llamados liberales y masones!
(PEA, 2nd ed., pp. 23-24)

While politicians and clergy were the primary targets of López' caustic wit, several other representatives of social groups provided thematic material for at least an additional poem. "Una viñeta" (PD, pp. 57-58) and "Quisicosas I" (DMV, p. 93) concern the indifference of the wealthy landlord to the problems of the poor. "Mientras un ruiseñor" (PEA, 1st ed., pp. 59-60; 2nd ed., pp. 71-72) describes the merchant's insensitivity to the beauty of nature. The theme of "Don Juan Manuel" (PEA, 1st ed., pp. 65-66) is the greed of the businessman. The subject of "Salutación" (PEA, 1st ed., pp. 111-113; 2nd ed., pp. 66-68) and that of "A un condiscípulo"[5] is the arrogance and presumption of intellectuals. Both "Un caso" (PD, pp. 41-42) and "Despilfarros XX" (PD, p. 75) portray the monotonous but pious existence of *beatas*. "Versos a la luna" (PEA, 1st ed., pp. 57-58) treats the dishonesty of a judge.

In "Canción burguesa," López summarized his feelings toward the middle class. He disapproved of its code of ethics:

> Procura, mientras muere la mies en la cizaña,
> flexible cual felino que avizora el ratón,
> medir el salto... Y luego... ¡que gire la cucaña
> de la vida! — No hay fuerza contra la tradición.
>
> Flota como la espuma, zurce tu telaraña,
> y sé tan multiforme como un líquido. Con
> la improbable paciencia del pescador de caña,
> subirás poco a poco de escalón a escalón.
>
> Después, atiborrado de honores y dinero,
> gasta gorro y pantuflas cabe la lumbre. Pero
> para hacer estas cosas sujétate a la ley
>
> de todas las divinas y humanas tonterías,
> sin asomo de pena, sin torpes rebeldías,
> fingiendo la indulgente pasividad del buey.
>
> (PD, pp. 33-34)

An additional environmental aspect which López commented upon is social obligations. In "Despilfarros IV," for example, he deplored the idle conversation in which he was forced to engage while attending a literary function:

---

[5] López, *Comedia tropical*, ed. by Jorge Zalamea (Bogotá, 1962), p. 49, hereafter abbreviated as CT.

> Porque no omito al loro, amiga mía
> ¡qué acéfalo me siento
> cuando voy al salón! — Una ironía
> para el que gasta un poco de talento,
>
> Me torno mudo, ásperamente amargo,
> y pensarás de fijo
> que soy un ser inútil. Sin embargo
> bien puedo hacer un hijo.
>
> (PD, p. 58)

"Despilfarros XII" concerns an obligatory social visit to a senile old man. López' irritation and boredom with a game of chess and the trite conversation are apparent:

> Bostezo, mientras fumo un cigarrillo,
> jugando al ajedrez
> con un señor senil. Suma el corrillo
> sinceridades de la estupidez.
>
> Para hilvanar el rato
> de rutinaria obligación social,
> solamente mi gato
> ronca en una actitud filosofal.
>
> (PD, p. 67)

Although the majority of López' poems were inspired by the environment, his earliest ones, composed while a student, deal with love. Supposedly he wrote several poems during this period,[6] but only two remain. These remnants indicate that he was influenced by Gustavo Adolfo Bécquer. Imitating the Spanish poet, López combined the worlds of reality and dreams to create an idealized woman who eluded his amorous desires. In "Por ti," quoted in Chapter II, he described the impossible pursuit of this imaginary love. In "Yo sé que me adormiste," also found in Chapter II, he described the ability of his ideal love to overwhelm the senses. He noted that his free will could be asserted to rescue him from the venomous power of his beloved.

By 1908, when López' first volume of poetry appeared, his enthusiasm for Bécquer had waned. To replace the ideal woman

---

[6] Domingo López Escauriaza, personal letter, February, 1972.

fashioned in dreams, López wrote of an attainable love of flesh and blood. Although Ebel Botero felt that he referred to a childhood sweetheart,[7] it is difficult to establish the identity of this woman who inspired several poems in which he delicately expressed noble sentiments about love.[8] In "Añoranza" he described a rendezvous between his beloved and himself:

> Íbamos en la tarde que caía
> rápidamente sobre los caminos.
> Su belleza, algo exótica, ponía
> aspavientos en ojos campesinos.
>
> —Gozaremos el libro —me decía—
> de tus epigramáticos y finos
> versos. —En el crepúsculo moría
> un desfile de pájaros marinos...
>
> Debajo de nosotros, la espesura
> aprisionaba en forma de herradura
> la población. Y de un charco amarillo
>
> surgió la luna de color de argento,
> y a lo lejos, con un recogimiento
> sentimental, lloraba un caramillo...[9]
>
> (DMV, pp. 29-30)

The happiness the poet experienced in the previous work was dissipated in "Toque de oración." Here the predominant sentiment is sadness caused by the absence of his beloved:

> Pienso en tí, pienso que te quiero mucho
> porque me encuentro triste, porque escucho
> la esquila del pequeño campanario

---

[7] Ebel Botero, *Cinco poetas colombianos* (Manizales, Colombia, 1964), p. 84.

[8] According to an interview in Cartagena, January, 1972, both the poet's brother, Domingo López Escauriaza, and his friend, Alfonso Amadó Claros, were unable to confirm the existence of a specific woman who inspired these poems included in DMV and PD.

[9] "Añoranza" was included in Dimitri Ivanovich's *libro de recortes* which is in the possession of Amadó Claros.

que se queja con un sollozo tierno,
mientras los sapos cantan el invierno
con una letra del abecedario...
                    (DMV, pp. 143-144)

The melancholy pervading the previous poem is also present in "Despilfarros V" which describes, with emotional restraint, an unsuccessful affair:

Tiro a un lado
los recuerdos, mientras fumo
sobre una mesa acodado.
La brisa se lleva el humo.

Mas no puedo;
y su faz, que no agoniza
dentro de mí, con el dedo
perfilo entre la ceniza...

Porque soy un solitario
que anhela olvidarla. Pero
sin horario,
¿qué hora indica el minutero?

Y al memorar todas esas
sus promesas, mientras fumo,
sonrío de las promesas...
La brisa se lleva el humo.
                    (PD, pp. 59-60)

The delicate tones of the love poems found in *Posturas difíciles* and *De mi villorrio* disappear in *Varios a varios* and both editions of *Por el atajo*. In these collections the sentiments often are risqué and lack taste. Since the poet lived a quiet life and had no known extramarital affairs,[10] probably these questionable love scenes were not autobiographical but written to shock the outwardly pious bourgeoisie. In "Pasas por la calle" the poet makes an obvious attack upon *los burgueses*. He described their jealousy of his apparent success in amorous matters:

---

[10] López Escauriaza and Amadó Claros, interviews, Cartagena, January, 1972.

Pasas por la calle
principal... Y pasas
con el garbo chulo
de tu alegre fama...

Pones aspavientos
en las provincianas
vidas que florecen
como las patatas.

Yo me encojo de hombros,
(no son garambainas,
pues sabes que puedo
volver a tu cama...)

mientras los burgueses
de inútiles calvas,
te siguen con una
bovina mirada...
    (PEA, 2nd ed., pp. 56-57)

Although the poet wrote of a successful love affair in "Pasas por la calle," in the majority of the poems of these three volumes he is generally unsuccessful and often the object of ridicule. The theme of "Serenata" is amorous rejection. Denied the pleasure promised by Camilia, the poet complained:

¡Ay, Camilia, no vuelvo
ni al portón de tu casa,
porque tú, la más bella
del contorno, me matas
con promesas que saben
a gabazo de caña!

¡Nada valen mis besos
y achuchones!... ¡Y nada
si murmuro en tu oreja,
tu orejita de nácar,
cuatro cosas que tumban
bocarriba a una estatua!

¡Ah, te juro que nunca
tornaré por tu casa,
ya que tú, más bonita
que agridulce manzana,
tienes ¡ay! la simpleza
del icaco y la guama!

> ¡Y eres más que imposible,
> pues tus mismas palabras
> son candados, pestillos,
> cerraduras y aldabas
> de tus brazos abiertos
> y tus piernas cerradas!
>
> (PEA, 2nd ed., pp. 77-78)

Similar to "Serenata," "A Rosalbina" describes the poet's unsuccessful attempt at courting. In this poem, however, the lady is married:

> ¡Bien sabéis, adorable Rosalbina,
> que ante vuestro mirar de ojos de gato,
> me sentí como calle sin esquina,
> bizco y sordo y maltrecho y turulato!
>
> ... ¿Por qué sois para mí luciferina? ...
> ¡Si ha mucho tiempo estoy que disparato
> bajo el piramidón y la morfina
> y del bromuro y del bicarbonato!
>
> Tanta hiel guarda el fondo de mi copa,
> que hasta en un corredor del "Club la Popa,"
> vuestro marido, viéndome patojo
>
> y con ganas de hacer un disparate,
> me preguntó solícito: ¿Qué hay, vate?
> Y yo le dije irónico: Un mal de ojo.
>
> (PEA, 2nd ed., pp. 35-36)

He finally discovers a woman who will submit to amorous advances, but the plans are foiled by the husband's unexpected return. Such a rendezvous is discussed in "In illo tempore":

> Tenemos mucho que contar:
> la cita
> primera junto al mar, en la casita
> que arrulla y besa rumoroso el mar...
>
> Noches de una infinita
> tribulación: llegar
> temiéndole a una perra, a una maldita
> perra... ¡¡Y la perra se ponía a ladrar!!

> Aquel aviso en el balcón,
> aviso
> que decía: "Se va hoy para Colón"...
>
> Y yo una vez: ¿Quién llama
> de improviso?
> Y tú: ¡¡Métete aquí, bajo la cama!!
> (PEA, 1st ed., pp. 105-106)

"Para vuesa merced" exemplifies the poet's burlesque attitude toward love found in *Varios a varios* and both editions of *Por el atajo*. This parody of the Archpriest of Hita's verses concerns man's necessity for female companionship:

> Pesía mí que non porto sino dieta
> para Vuesa Merced. Alguien me fizo
> bachiller, zascandil, anacoreta,
> dándole a mi yantar poco chorizo.
>
> Duéleme situación tan incompleta,
> porque a la fin, en acuitado hechizo,
> tórnomo [sic] patizambo sin muleta,
> y con amén de uñero y panadizo.
>
> Mas sabed, item más, señora mía,
> que mi amor, aunque mi ánima es agreste,
> non trata de facer cosa fullera,
>
> pues con la cuaresma en alcancía,
> que ha de haber —según dixo el Arcipreste—
> juntamiento con fembra placentera.
> (PEA, 1st ed., pp. 109-110; 2nd ed., pp. 45-56)

The final theme, personal conflicts and problems, is found in poems of various collections. In "Esto pasó en el reinado de Hugo," he dealt with the pursuit and subsequent loss of an ideal:

> Subí por la escalera
> del ideal,
> siguiendo una ilusión.
>
> Pero me fue de una manera
> mal,
> porque di un resbalón.

THEMES 69

> Y enorme desengaño
> me atormenta
> y mortifica
>
> mucho más el daño
> de una cuenta
> que adeudo en la botica.
>
> (VAV, p. 46)

"Lector" (PEA, 1st ed., pp. 21-22; 2nd ed., pp. 11-12), "En la terraza" (DMV, pp. 45-46), and "Medio ambiente" describe how bourgeois values destroyed his youthful dreams. In "Medio ambiente" he expressed his disillusionment:

> Mi buen amigo el noble Juan de Dios, compañero
> de mis alegres años de juventud, ayer
> no más era un artista genial, aventurero...
> Hoy vive en un poblacho con hijos y mujer.
>
> Y es hoy panzudo y calvo. Se quita ya el sombrero
> delante de un don Sabas, de un don Lucas. ¿Qué hacer?
> La cuestión es asunto de catre y de puchero,
> sin empeñar la "Singer" que ayuda a mal comer...
>
> Quimeras moceriles,— mitad sueño y locura,
> quimeras y quimeras de anhelos infinitos,
> y que hoy —como las piedras tiradas en el mar—
>
> se han ido a pique oyendo las pláticas del cura,
> junto con la consorte, la suegra y los niñitos...
> ¡Qué diablo!... Si estas cosas dan ganas de llorar.
>
> (PEA, 1st ed., pp. 93-94; 2nd ed., pp. 85-86)

The disappointment expressed in "Medio ambiente" is found also in poems dealing with tedium resulting from the emptiness of life in Cartagena. "Tedio de la parroquia" deals with the meaninglessness and lack of purpose of village activity:

> La población parece abandonada,
> dormida a pleno
> sol. ¿Y qué hay de bueno?
> Y uno responde bostezando: Nada.
>
> ¡Ni una sola ilusión inesperada,
> que brinde ameno

> rato!... Es un sereno
> vivir este vivir siempre a plomada...
>
> Pues ¡ay! no surge un acontecimiento
> sensacional. Apenas un detalle,
> y eso de vez en cuando, en la infinita
>
> placidez lugareña: hoy no hace viento,
> y andan únicamente por la calle
> cuatro perros detrás de una perrita.
>
> (PEA, 1st ed. pp. 89-90; 2nd ed., pp. 83-84)

In "A Satán" the poet expressed additional frustration as he described the emptiness of his own life:

> Satán, te pido un alma sencilla y complicada
> como la tuya. Un alma feliz en su dolor.
> Tú gozas —y yo envidio tu alegre carcajada—
> si un tigre, por ejemplo, se come a un ruiseñor.
>
> ¡Mi vida, esta mi vida te ofrece una trastada!
> —Mi vida, flor inútil, sin tallo y sin olor,
> se dobla mustiamente ya casi deshojada...
> Y el tedio es un gusano peludo en esa flor.
>
> ¡Pensar diez disparates y hacer mil disparates!...
> Pues tú, Satán, no ignoras que yo perdí el camino,
> y es triste —aquí en la tierra del coco y del café—
>
> vivir como las cosas en los escaparates,
> para de un aneurisma morir cual mi vecino...
> — ¡Murió sentado en eso que llaman W.C.!
>
> (PEA, 1st ed., pp. 83-84; 2nd ed., pp. 73-74)

López was also concerned about arrogance and stupidity of mankind in general. In "En el malecón" the poet elaborated upon arrogance through a comparison of man with the pelican:

> Sol rubicundo que arde
> como en un crematorio. Y en la paz
> profunda y sugestiva de la tarde,
> rema olímpicamente un alcatraz.
>
> Rema con soberano
> desprecio. Y parodiando la altivez

del mamífero humano,
baja y engulle un miserable pez.
                                    (PD, p. 88)

In "Ante una esquina," the theme is stupidity. A street corner is personified:

Lejos de todo bípedo bimano,
lejos de nuestro plano, en otro plano
sonríe de la humana estupidez.
                        (PEA, 1st ed., pp. 95-96)

While López was not morbid, he did consider in his poetry the coming of old age and death. "De caza" (DMV, pp. 37-38), "Despilfarro" (DMV, pp. 103-104), and "A un bodegón" deal with the loss of youth. In the last he wrote:

¡No vale hoy nada nuestra vida! ¡Nada!
Sin juventud, la cosa está fregada,
más que fregada, viejo bodegón...
      (PEA, 1st ed., pp. 91-92; 2nd ed., pp. 60-61)

This desperation was tempered somewhat in "Vejez," in which he attempted to bargain with old age. Knowing that the process was inevitable, he asked only to be spared the inconveniences of growing old:

Vejez, si tú me has puesto en un camino
que no es posible desandar, siquiera
—¡y hazlo por compasión!— no agües mi vino,
mi última copa de falerno... ¡Espera!...

No adelantes la hora de mi sino
fatal, la inexorable honra postrera,
que aún no ha llegado mi cajón de pino,
mi fatídica caja de madera...
... ...

Y déjame apurar, como te pido,
mi última copa sin la inicua pena
de irme achacoso hacia el eterno olvido,
tras de los granos del reloj de arena...

> De irme entre sinsabores y el torcido
> dolor que ahora me angustia y envenena,
> porque comí lo que a recién nacido
> no hace daño: leche con avena...
>
> Mas si tú, que hoy me miras abrumado,
> me has de poner, como dijo el vate,
> "chato, pelón sin dientes y estevado,"
>
> llámame a Satanás, Vejez maldita,
> para poder hacer un disparate,
> como Fausto, y buscar mi Margarita! ...
>
> (CT, p. 136)

Although López rarely wrote about death, the theme did appear in two poems. One of these, "In pace," was written when the poet was young. He reflected upon death as he viewed the funeral procession of a villager. Realizing death's finality, he noted:

> Y ahora va, como inútil adjetivo,
> despanzurrado dentro de un cajón
> de tablas de barril. —He aquí un motivo
> para una cerebral masturbación.
>
> (PD, p. 30)

The frustration expressed in "In pace" disappears in "Sepelio" where he briefly envisioned his own burial. In this work, he dismissed the futility of death, writing humorously about the thoughts of his former sweethearts as they pay him their last respects. He also took the opportunity to ridicule funeral rituals:

> ... ¡Cuántas mujeres, cuando muera,
> se ocuparán, tal vez de mí!
> (A Inés la quise en la escalera,
> y a Juana en un chiribitil).
>
> ¡Mas todo en vano! ... ¡Oh, qué agorera
> la última farsa hecha en latín,
> junto al cochero de chistera
> senatorial, ebrio de anís! ...
>
> Malos discursos, tres coronas
> ¡y yo indefenso! ... Las personas
> graves dirán: —¿De qué murió?

Mientras que Luisa, Rosa, Elena,
podrán decir: —Oh, ¡qué alma buena!
Pensando a solas: —¡Fue un bribón!
                    (PEA, 1st ed., pp. 129-130)

Chapter IV

STYLE

Although Luis Carlos López has been classified as a Postmodernist poet,[1] his complete works reflect a literary period in transition, from Modernism to Postmodernism and then Vanguardism. His poetry offers examples of all these three styles.

When López began to write in the late 1890's, Modernism had reached its apex and in the 1900's began its decline. A generation of poets, tired of the excesses of Modernism, wanted simpler forms of expression while retaining the positive aspects of the movement. As Orlando Gómez-Gil observes: "Aunque reaccionaron contra la 'torre de marfil' y los excesos sonoros de algunos modernistas, continuaron la senda del lenguaje rico, la variedad de metros, la caza de nuevas y abundantes imágenes. Los postmodernistas tienen una actitud nueva frente al arte, pero prefieren retornar a formas más simples, clásicas, directas y sinceras de expresión" (p. 479).

As a result of emphasis upon simplicity, imagination was frequently stifled, and the works of the Postmodernist writers were often monotonous and dull. Due to Postmodernism's lack of imagination and a general dissatisfaction with Modernism, the Vanguard school came into existence. As Frederick S. Stimson notes: "Although Vanguardism and Postmodernism overlapped, the former was obviously a later movement and, as such implies a reaction against its predecessor. It reacted against the Postmodernists' ultra-conservatism by seeking the sensational....

---

[1] See Orlando Gómez-Gil, *Historia crítica de la literatura hispanoamericana* (New York, 1968), pp. 495-496, and Frederick S. Stimson, *The New Schools of Spanish American Poetry* (Chapel Hill, 1970), pp. 26-27.

Vanguardism was much more than a reaction against the Postmodernists, however. In fact, it aimed its arrows more directly against the Modernists. Thus it actually shared something in common with Postmodernism — a dislike of Modernism. While the Postmodernists were restraining the excesses of Modernism, the Vanguardists were not only increasing them, but trying to surpass them" (p. 59).

Poems written in the Modernist style are found primarily in López' first two volumes, *De mi villorrio* and *Posturas difíciles*. Like the Modernist poets, he emphasized the aesthetic, appealing to the senses rather than to the emotions. "Añoranza," quoted in Chapter III, is an attempt to select the proper words to give maximum visual appeal. Here he embellished the local landscape, bestowing upon it an aura of elegance and refinement.

López' works contain other poems in which he attempted to impress visually with Modernist vocabulary. "De caza," quoted in Chapter II, includes the following listing of such words: "fragilidad de mariposa," "abanico," "rosado impoluto," "sedosa tonalidad," "terciopelo," "rosa," "aristocracia de su vuelo," and "blanca fuga silenciosa." It contains also an element of nostalgia for the past which often permeated Modernist poetry. Another example is "Los que llegaron de París" (PD, pp. 45-46). Here, consistent with the Modernist, especially Parnassian, tendency to present rare and precious objects and colors, he employed the following terms: "flor fragante," "azul lilial," "cabellos de un rubor de lacre," and "frases de almíbar y de pepermín."

In "Cartulina postal," López appealed to the sense of sight with the following Modernist vocabulary: "cascada," "visos de pavón," "cabellera funeral," "ébano," "endrina," "quimera," "sopor azul," and "morfina." In addition he captured the sensuality which was often present in Modernist verse:

> Flota en desbordamiento de cascada...
> con visos de pavón, su cabellera
> funeral como el ébano y la endrina.
>
> Y acaricia su lánguida mirada,
> cual suele acariciar una quimera
> bajo el sopor azul de la morfina.
>
> (DMV, p. 122)

López was interested also in appealing to the sense of hearing. According to Ebel Botero, "El oído de López era de una sensibilidad extrema."[2] "A Basilio," a poem calculated to interest the auditory sense, also contains a certain degree of musicality. Through the use of alliteration, onomatopoeia, repetition of phrases, verses of two hemistichs, and the final sonorous vowel sound *o*, López attained an effect reminiscent of Paul Verlaine's "Chanson d'automne."[3] While Verlaine's poem suggests the plaintive tones of the violin, López' achieves a similar implication for the organ. The melancholy which pervades Verlaine's poem is also present in López':

> Tu organillo triste, tu organillo viejo,
> cuando a media noche, bajo los balcones,
> gime dulcemente con amargo dejo,
> de seguro arrulla muchos corazones.
>
> Tu organillo triste, de sentidos sones,
> que refresca el alma con su amargo dejo,
> mientras acaricia mis desilusiones,
> cuantas cosas dice tu organillo viejo...
>
> Cuando a media noche, bajo los balcones,
> gime tu organillo de dolientes sones,
> con plañir mimoso, con amargo dejo,
>
> de seguro arrulla muchos corazones,
> mientras acaricia mis desilusiones
> tu organillo triste, tu organillo viejo...
> (DMV, pp. 73-74)

In the manner of the Uruguayan poet, Julio Herrera y Reissig, López featured the local environment; however, exotic cultures and past generations occasionally appealed to him. In "Al margen" he combined the fascination of the oriental milieu, reminiscent of Julián del Casal, with nostalgia for a remote era:

> Tañe, hermano, la mandolina,
> porque esta noche tengo ganas

---

[2] Ebel Botero, *Cinco poetas colombianos* (Manizales, Colombia, 1964), p. 119.

[3] Paul Verlaine, "Chanson d'automne," in *French Poetry*, ed. by Germaine Brée (New York, 1962), p. 116.

de olvidar... Y tu cavatina
como que me tiñe las canas...

En tu cuarto —donde la fina
seducción de las otomanas
provoca al opio de la China,
que hace vivir cosas lejanas —

siento el agradable cansancio
de soñar, tornándome al rancio
tiempo de idas generaciones,

de parroquiales indolencias,
de los viajes en diligencias
y de los tiznados mesones...

(DVM, pp. 81-82)

In "Despertar de Pan," he evoked the Greek god, Pan, as he expressed his nostalgia for the remote past of Ancient Greece: "Cogido de la mano / de un recuerdo, / y yo retorno al tiempo primitivo, / cual si tuviese cuernos en la frente / y unas patas de archivo" (VAV, p. 47). In "Despilfarros IX," he offered the following delicate picture of the local landscape and a longing for past generations:

Canta un gallo en el fresco manantial. Todavía
duerme la población
bajo la niebla. Asoma la palidez del día

de aquella edad lejana
de diezmos y primicias, trabuco y pastoral
solloza la campana
linajuda del viejo convento colonial...

(PD, p. 64)

Coexisting with the Modernist poems in López' early works, and predominant in his later volumes, are those more Postmodernist in style. Similar to many other poets of his generation, he wrote in a simple, direct manner about his native land, basic human emotions, and other mundane affairs. As Luis Alberto Sánchez noted, "Mientras modernistas, postrománticos y ultra clasicistas buscaban héroes y escenas de ajenos mundos o períodos, López y mucha de la gente de la orilla del Caribe prefirió reflejar lo inmediato." Sánchez states further that López did not embellish this material, "pero [la] describió con fidelidad."[4] His realistic description is exemplified in "El zagalón de Pepe." Although the poem contains Vanguard images, his portrayal of a village boy, including details of his physical appearance, daily habits, and routines, is primarily photographic:

> Buen muchacho, membrudo,
> que se pasa la vida sin afán,
> con su cara de engrudo
> y sus cabellos como de azafrán.
>
> Para este chico rudo,
> ¿qué mayor ambición? Tiene su can,
> su rebaño lanudo
> y unas rodajas de cebolla y pan.
>
> Libre, lejos de todo,
> se acurruca a la sombra de un recodo
> exuberante de vegetación,
>
> para soñar sobre la verde grama,
> con los brazos formando un monograma
> y en los ojos lo blanco de la unción.
> (DMV, pp. 53-54)

He offered similar realistic descriptions of the barber (DMV, pp. 62-63), the sheriff (DMV, p. 62), the coach driver (DMV, pp. 77-78), the old maids (PEA, 1st ed., pp. 62-64; 2nd ed., pp. 58-59), the banker's wife (VAV, p. 39), and many other people and events.

Some of López' early works may be considered transitional, half Modernist and half Postmodernist. The following early poem, for instance, concerns prosaic subject matter, in the Postmodernist manner, but is treated in a Modernist style. In contrast to the Modernist tendency to avoid reality by creating elegant and exotic settings, López' scenery has an earthy quality. His description is constructed in the Modernist way, however, with a few well-chosen words which appeal to the senses. Visual interest is achieved with "mañanita," "corral," "vaca," "rústica alquería," and "niebla," while "muge una vocal" appeals to the ear:

---

[4] Luis Alberto Sánchez, *Escritores representativos de América*, Vol. II (Madrid, 1964), 126.

La mañanita opaca,
mañanita de campo... En el corral
me siento. Hay una vaca
que aspira el llano y muge una vocal...

La rústica alquería
se agazapa en la niebla. —Es un placer
sentir llegar el día
con la frescura del amanecer.

(DMV, p. 115)

Another transitional poem which also created a visual impression, reminiscent of Modernism, is found in "De mi predio":

Las casitas de campo, las casitas
enjalbegadas, acurrucaditas
y risueñas.

Bajo los abanicos,
los grandes abanicos de palmeras,
pasan los mozos y las vivanderas
en un desfile manso de borricos...

El tren, en una quiebra
inesperada, por el verde llano
hace como una fuga de culebra...

(DMV, p. 151)

The setting is unoriginal, but López, consistent with the Modernist techniques, devoted unusual care to physical details. First he drew attention to houses and allowed the eye to rest momentarily upon them, noting that they were "casitas enjalbegadas, acurrucaditas y risueñas." Then he continued to the "grandes abanicos de palmeras," "los mozos y las vivanderas," and "el tren." As a result of using a few words chosen for visual interest, the description of the local environment is very realistic and vivid.

When the first edition of *Por el atajo* was published several years later, López continued his tendency to express himself with an economy of words. In "A un bodegón," he offered the following description of a place he frequented as a child:

¡Oh, viejo bodegón, en horas gratas
de juventud, qué blanco era tu hollín,

> y qué alegre, en nocturnas zaragatas,
> tu anémico quinqué de kerosín!
>
> Me parece que aún miro entre tus latas
> y tus frascos cubiertos de aserrín,
> saltar los gatos y correr las ratas,
> cuando yo no iba a clase de latín...
> (PEA, 1st ed., p. 91; 2nd ed., p. 60)

López' Postmodernist poetry may be divided into non-satiric and satiric. Examples of the former are found in all his volumes. In these poems, he relied upon imagery which was generally uncomplicated and easily comprehensible. Recalling his youth in "En tono menor," he referred fondly to Teresita Alcalá, a family servant, as a "cucaracha de iglesia" and her home as a "cueva absurda de gatos, cachivaches y chismes" (PEA, 1st ed., pp. 75-76). Recording his departure for Germany in "Adiós," he observed that when he said farewell to Cartagena, his handkerchief appeared as "un ave herida que anhela retornar" (PEA, 2nd ed., p. 19). Remembering, in "In memoriam," a deceased friend, he used Modernist phraseology, calling tears "frescas mariposas" (PEA, 1st ed., p. 67; 2nd ed., p. 75). Finally, in "A Satán," noting the nothingness of his life, he offered the following romantic antithesis: "Te pido una alma sencilla y complicada, / como la tuya. Un alma feliz en su dolor" (PEA, 1st ed., p. 83; 2nd ed., p. 73).

A comparison between López' earlier and later non-satirical poetry reveals a tendency away from emphasis upon the senses to a more human poetry with emphasis upon emotions. His most uninhibited emotional expression is found in these later works. In "En tono menor," he demonstrated tenderness for a family servant. He also expressed sadness because of his inability to recapture his youth:

> ¡Qué tristeza más grande, qué tristeza infinita
> de pensar muchas cosas!... ¡De pensar, de pensar!
> De pensar, por ejemplo, que hoy tal vez, Teresita
> Alcalá tu recuerdo, me recuerda otra edad...
> ... ...
>
> Pero ya te moriste... Desde ha tiempo te lloro,
> y, al llorarte, mis años infantiles añoro,
> ¡Teresita Alcalá, Teresita Alcalá!...
> (PEA, 1st ed., pp. 75-76)

"A Satán" provides an expression of frustration and regret:

>¡Mi vida, esta mi vida te ofrece una trastada! ...
>—Mi vida, flor inútil sin tallo y sin olor,
>se dobla mustiamente ya casi deshojada...
>y el tedio es un gusano peludo en esa flor.
>   (PEA, 1st ed., p. 83; 2nd ed., p. 73)

In "A la madrecita de Rafael Mendoza Amario," López expressed sorrow as he extended his sympathy to the mother of a departed friend:

>Pero eso en este mundo, que es sólo una emboscada,
>querida madrecita de aquel mi camarada,
>no hay que rezar por nadie, tampoco hay que llorar,
>y, cual la piedra pómez, ser duro y no ser blando...
>¿Pero qué voy diciendo?... ¡Si estoy aquí llorando,
>y contigo me pongo, si quieres, a rezar! [5]

Finally, "In memoriam" deals with the poet's affection for Climaco Soto Borda, a literary friend, who died in 1919:

>Sin embargo, donoso compañero,
>casi me duele el corazón... Y quiero
>recordar aquel rancio ventorrillo,
>
>donde te conocí vencido y fuerte,
>y donde me dijiste al conocerte:
>—Sirve un trago y me das un cigarrillo...
>   (PEA 1st ed., p. 68; 2nd ed., p. 75)

The preceding poems illustrate a technique López frequently employed in his later Postmodernist poetry, the use of the conversational format and the *tuteo*. In contrast to the third-person, descriptive tone of his earlier work, López indicated the fondness existing between himself and his subjects through the familiar form of the verb.

The majority of López' Postmodernist poems are satirical. Their apparent motivation was the disparity which he perceived between appearances and reality. An admirer of Cartagena's illustrious past,

---

[5] López, *Selección de versos*, ed. by Aníbal Esquivia Vásquez (Cartagena, 1946), p. 44.

López considered as his ideal the warrior who fought for the city's safety in the sixteenth and seventeenth centuries. As a result of this admiration, he was not impressed by pretentious members of his own generation; he acutely perceived his countrymen's shortcomings. Consequently, he documented his awareness of the incongruity between their superficial thinking and opinions of themselves and the underlying reality. In "Tarde de verano," for example, he noted "la miseria del redil" to which the pious priest "ciñendo rica sotana de paño" was oblivious (DMV, p. 119). In "Non plus ultra" he realized that his doltish neighbors were passing through life, "como van los bueyes de carga / bajo el pincho, bajo el arnés"; oblivious to their miserable existence, however, they were happy:

> son felices a su modo,
> puesto que a sombra de tejado,
> comiendo mal, aman a Dios
>
> ¡Y sobre todo, sobre todo,
> nunca, nunca han necesitado
> las píldoras del doctor Ross!
>
> (DMV, p. 111)

In "Medio ambiente," he marveled that he too was a victim of irony. Deceived by a youthful illusion, he observed:

> Quimeras moceriles, —mitad sueño y locura;
> Quimeras y quimeras de anhelos infinitos,
> y que hoy —como las piedras tiradas en el mar—
>
> se han ido a pique oyendo las pláticas del cura,
> junto con la consorte, la suegra y los niñitos...
> ¡Qué diablo! Si estas cosas dan ganas de llorar.
> (PEA, 1st ed., p. 94; 2nd ed., p. 85)

The satirical poems resulting from López' perception of life's irony indicate his two distinct attitudes and approaches. Many of these poems are permeated with anger and direct verbal attacks upon his victims. His second approach generally relied upon some form of humorous expression and is characterized by emotional restraint and indirectness.

STYLE

The direct verbal attacks are found primarily in his earlier works. His primary objective was to portray his victims as reprehensible; to do so, he emphasized the negative characteristics of his subject. In "Tarde de verano," he illustrated the coldness, insensitivity, and arrogance of the typical priest with a few words chosen to create a disagreeable impression:

> La sombra que hace un remanso
> sobre la plaza rural,
> convidada para el descanso
> sedante, dominical...
>
> Canijo, cuello de ganso,
> cruza leyendo un misal,
> dueño absoluto del manso
> pueblo intonso, pueblo asnal.
>
> Ciñiendo rica sotana
> de paño, le importa un higo
> la miseria del redil.
>
> Y yo, desde mi ventana,
> limpiando un fusil, me digo:
> —¿Qué hago con este fusil?
>
> (DMV, pp. 119-120)

López increased the feeling of disagreeableness by using not only words with negative connotations, but those which were harsh in tone. Through the excessive use of the explosive and nasal consonants, he intensified the unpleasant auditory effects. A poem which illustrates this technique is "Non plus ultra":

> Mis vecinos, burdos vecinos
> del campo, buenos inquilinos,
> de manos toscas, de cetrinos
> rostros y de cuadrados pies,
>
> cruzan por esta vida amarga,
> paradójicamente larga,
> como van los bueyes de carga
> bajo el pincho, bajo el arnés...
>
> Mas son felices a su modo,
> puesto que a sombra de tejado,
> comiendo mal, aman a Dios.

> ¡Y sobre todo, sobre todo,
> nunca, nunca han necesitado
> las píldoras del doctor Ross!
>
> (DMV, pp. 111-112)

The poem yields the following words containing explosive and nasal consonants: "mis," "vecinos," "burdos," "del," "campo," "buenos," "inquilinos," "de," "manos," "cetrinos," "pies," "por," "vida," "como," "van," "carga," "bajo," "pincho," "arnés," "mas," "son," "modo," "puesto," "que," "sombra," "comiendo," "mal," and "aman."

In contrast to the direct verbal attacks illustrated by the previous poems, those with indirect satire reveal López as emotionally detached. Instead of considering his victims contemptible, he viewed them as harmless, inspiring laughter rather than anger. This viewpoint, predominant in his later works, is also found in his earlier ones through the use of caricature. Using this technique in "Hongos de la riba, II," López painted a mildly satirical portrait of the village sheriff:

> El Alcalde, de sucio jipijapa de copa,
> ceñido de una banda de seda tricolor,
> panzudo a lo Capeto, muy holgada la ropa,
> luce por el poblacho su perfil de "bull-dog."
>
> Hombre de pelo en pecho, rubio como la estopa,
> rubrica con la punta de su machete. Y por
> la noche cuando toma la lugareña sopa
> de tallarines y ajos, se afloja el cinturón...
>
> Su mujer, una chica nerviosamente guapa,
> que lo tiene cogido como con una grapa,
> gusta de las grasientas obras de Paul de Kock,
>
> ama los avalorios y se pinta las cejas,
> mientras que su consorte luce por las callejas
> su barriga, mil dijes y una cara feroz...
>
> (DMV, p. 62)

López' use of caricature in his earlier satirical work became an integral part of his later poetry. A series of poetic portraits, published in the *Historial del Bodegón*, demonstrate that even his close friends were subject to satire. In "Jacob del Valle," he caricatured his friend and companion of the Bodegón:

> De olfato comercial agudo y fino,
> tipógrafo y masón ... Y se asegura
> que su tatarabuelo fue un rabino ...
> ¡Hitler no pudo olerlo ni en pintura!
>
> no sé por qué razón este ladino
> señor original de alta estatura,
> le tiene un odio formidable al vino
> y ante un sancocho pierde la cordura.
>
> Periodista, político, notario
> y, por último, es rey ... ¡Todo lo atrapa
> este incalificable martillero
>
> que se ha salido del montón gregario,
> para llamarse, cuando llegue a Papa,
> Su ilustre Santidad Jacob Primero! ... [6]

In addition to caricature, López, like the famous Guatemalan, Rafael Arévalo Martínez, found animal imagery effective in portraying his victims as weak and incompetent. By seeking out surprising and often ludicrous similarities between people and animals, his subjects incite laughter rather than anger. In "Salutación" he referred to the village intellectuals as "dormidas jicoteas" (PEA, 1st ed., p. 113; 2nd ed., p. 66). In "Egloga tropical," the self-satisfied bourgeois is "un orangután con alpargatas" (PEA, 1st ed., p. 115; 2nd ed., p. 107) and in "Pasas por la calle" he has a "bovina mirada" (VAV, p. 41; PEA, 1st ed., p. 100; 2nd ed., p. 57). "A un perro" consists of nothing more than a humorous analogy between a human and an animal. While in the previously cited works, the poet compared the man to the animal, here he intensified his insult by comparing the dog to the politician, assuming the worth of the dog to be greater than that of man. The poem also demonstrates López' lack of emotional attachment as well as the use of the *tuteo*. Here the verb form is employed to degrade the subject:

---

[6] Daniel Delvalle, ed., *Historial de El Bodegón y la Casa Nacional del Periodista* (Cartagena, 1952), no pagination.

¡Ah perro miserable,
que aún vives del cajón de la bazofia,
—como cualquier político— temiendo
las sorpresas del palo de la escoba!

¡Y provocando siempre
que hurtas en el cajón pleno de sobras,
—como cualquier político— la triste
protesta estomacal de ávidas moscas!

Para después ladrarle
por las noches, bien harto de carroña
—como cualquier político— a la luna,
creyendo que es algún queso de bola...

Ah, perro miserable,
que humilde ocultas con temor la cola,
—como cualquier político de día—
¡¡y no te da un ataque de hidrofobia!!
(PEA, 1st ed., pp. 55-56; 2nd ed., pp. 69-70)

In addition to animal imagery, López attained a humorous effect by comparing his subjects to inanimate objects. In "Pasas por la calle," the lives of the bourgeoisie "florecen como patatas" (VAV, p. 41: PEA, 1st ed., p. 100; 2nd ed., p. 57). In "A un amigo" a childhood friend was an "inútil monigote pintado en la pared" (PEA, 1st ed., p. 103). In "Salutación" the village intellectuals were "fósiles de mi aldea" and "momias ilustres" (PEA, 1st ed., pp. 113-114; 2nd ed., p. 67). In "El señor presidente," the president of the Republic has "por cabeza una totuma."[7]

Another aspect of López' satire which netted him considerable criticism was his attempt to arouse laughter and probably to scandalize by use of antipoetic, naturalistic terms. Sánchez referred to this tendency as "un barroquismo de oposición, un barroquismo que busca y halla sus símiles en lo feo, no en lo bello; en lo ruin, no en lo alto; en lo materialista, no en lo espiritual" (p. 123). Alfonso Llorente Arroyo further noted that "algunas de sus producciones, no son poesía ni cosa que se le parezca, sino vulgaridades para ser celebradas en las tabernas."[8]

---

[7] López, *Comedia tropical*, ed. by Jorge Zalamea (Bogotá, 1962), p. 74.
[8] Alfonso Llorente Arroyo, "Luis Carlos López," *Hispania*, VII (December, 1924), 385.

In "Egloga tropical," López addressed his victim thus: "sólo en este abrigo, / podrás, como un fakir, verte el ombligo" (VAV, p. 42). In "Mi raza española," he reported that a member of the Spanish race was "un mendigo / de hosco sombrero / y de peludo ombligo" (VAV, p. 42). In "Siesta del trópico," the only interesting element in the life of Cartagena is the "porquería de perro en un pretil. Indigestión / de abad, cacofonía sorda de cigarrón" (PEA, 1st ed., p. 101; 2nd ed., p. 62).

Similar to the satirical writers of every generation, López utilized parody. In "Salutación" he gave his rendition of the well-known "Cantar de mío Cid." The similarity between the Cid and López' hero, Ruy Pérez Barba, is seen immediately and inevitably. The balding hero Ruy Pérez, standing on a barrel in the city square, appears ridiculous. Thus López effectively set the mocking tone which permeated his satirical appraisal of the village intellectuals:

> Gritó Ruy Pérez Barba,
> de pie sobre un barril, en la plazuela
> mayor de la parroquia:
> —¡Salud, doctores de las barbas luengas!
>
> Si soy algo lampiño,
> ¡descuidad!... Pues aún luce mi cabeza,
> monda y lironda, un pelo...
> —¡gentil legado de la edad de piedra!...
>
> ¿Qué vivo haciendo curvas?
> ¡Y bien, amigos de la línea recta,
> que usáis a prima noche
> gorros de yute y clásicas chinelas!...
>
> Sabed que una mañana
> me dijo el Diablo: —"Sácate una muela
> y vivirá tu novia."
> Y yo le dije al Diablo: —¡Que se muera!
>
> ¡No comprendéis, acaso
> no imagináis ni el símbolo!... Y por esta
> razón cuantitativa,
> ¡Salud, fósiles sabios de mi aldea!...
>
> ¡Salud, momias ilustres,
> que os voy a dar la absolución: mi diestra

> cabalísticamente
> pondrá en el aire así como una &! ...
>
> Aunque después con una
> gravedad de dormidas jicoteas,
> digáis de mí lo que me sé de sobra:
> —¡Que aún existo de puro sinvergüenza! ...
>> (PEA, 1st ed., pp. 111-114; 2nd ed., pp. 66-68)

"Egloga tropical," an appraisal of the life of the bourgeoisie, is a parody of Fray Luis de León's "Vida retirada." The association of the lofty thoughts, expressed by the Spanish poet, with the petty concerns of López' subject accentuates the latter's unworthiness:

> ¡Oh, sí qué vida sana
> la tuya en este rústico retiro,
>   donde hay huevos de iguana
>   bollo, arepa y suspiro,
> y en donde nadie se ha pegado un tiro!
>
> De la ciudad podrida
> no llega un tufo a tu corral... ¡Qué gratas
>   las horas de tu vida,
>   pues andas en dos patas,
> como un orangután con alpargatas!
>
> No en vano cabeceas
> después de un buen ajiaco, en el olvido
>   total de tus ideas,
>   si estás desaborido
> bajo un cielo que hoy tiene sarpullido.
>
> Feliz en tu cabaña,
> madrugas con el gallo... ¡Oh maravillas
>   que oculta esta montaña
>   de loros y de ardillas,
> que tú a veces contemplas en cuclillas!
>> (PEA, 1st ed., pp. 115-120; 2nd ed., pp. 107-112)

A final element of López' satirical style is the fable. Although he omitted the statement of moral at the end, in "Fabulita" he employed the customary animal imagery. Here the "colibrí" refers to South America, the "culebra mapaná," North America, and the "guacamayo bisojo y medio cínico" is probably the poet himself:

> ¡Viva la paz, viva la paz!
>   Así
> trinaba alegremente un colibrí
> sentimental, sencillo
> de flor en flor...
>
>   Y el pobre pajarillo
> trinaba tan feliz sobre el anillo
> feroz de una culebra mapaná...
>
> Mientras en un papayo
> reía gravemente un guacamayo
> bisojo y medio cínico:
>   —Cuá, cuá!...
>   (PEA, 1st ed., pp. 33-34; 2nd ed., p. 87)

López' only other use of the fable appears in "Fabulilla," which relates the story of a neighbor hated by all because of his egocentric attitude and ruthless actions.[9]

> ...Y aquel gran tigre cebado,
> que con saña se comía
> —de noche y a pleno día—
> los burros de mi cercado,
>
> se murió... Todo el ganado
> solípedo le temía,
> cual teme la burguesía
> la zarpa del potentado...
>
> Tigre viejo, sabio y fuerte,
> que a muchos asnos dio muerte
> y se murió como en broma,
>
> para que más de un jumento
> clamase con sentimiento:
> —¡Murió como una paloma!
>   (PEA, 1st ed., pp. 97-98; 2nd ed., p. 51)

---

[9] Alfonso Amadó Claros, interview, Cartagena, January, 1972.

As López experimented with Modernism, then later embraced Postmodernism, he also turned to the third successive movement, Vanguardism. Vanguardism is the term applied to the literary revolution which began between the two world wars. Having its origins in Europe, the movement stressed the importance of separating art from the mundane matters of daily life.[10] Consistent with this principle, the Vanguard poets "tried to create a world that had no connection with the recognizable one, a fourth dimension."[11] In order to do so, they delighted in using extraordinary imagery with emphasis upon complicated and unexpected metaphors which often suggested multiple meanings.

López incorporated enough Vanguard tenets that it is possible to consider him a precursor of that school, especially since his earliest Vanguard works preceded the appearance of the first Vanguard manifestos. His contributions consisted mainly of striking, recherché, and unexpected metaphors, a characteristic of the new poetry.[12] In a segment of his early poetry are found complex, contrived images which contrast sharply with the straightforward ones of his Postmodernist style. Enrique Banchs was probably referring to these images in the following comment:

> Y advierto que a prima vista muchas de sus imágenes no admiten explicación que apague la curiosidad. Acostumbra escribir la impresión primativa no siempre mesurada, más bien que la impresión destilada en los tamices de la lógica. Así os dirá que la voz de las campanas semeja peinar ternuras canas; que por la carretera la diligencia camina como si jugara al ajedrez... Las imágenes no se conforman a las cualidades relativas más visibles entre dos objetos, entre dos seres, sino que penetran, por fenómeno más bien instintivo que intelectual.[13]

The natural landscape provided the point of departure for the "imágenes [que] no admiten explicación." López personified the landscape with metaphors consisting of abstraction, concrete phe-

---

[10] José Ortega y Gasset, "La deshumanización del arte e ideas sobre la novela," in *Obras completas*, Vol. III, 1917-1928 (Madrid, 1947), 371.

[11] Stimson, p. 60.

[12] Gloria Videla, *El ultraísmo* (Madrid, 1963), pp. 11-88.

[13] Enrique Banchs, "Versos de Luis Carlos López," *Nosotros*, IV (October, 1909), 332-336.

nomena, and juxtaposition of disparate elements. This technique often resulted in incomprehensible images, quite unsuccessful in the opinion of some critics. In "Toque de oración," he attributed to the sea and the beach parts of the animal and human anatomy not normally associated with them. He then referred to the action of the sea as the cadence of an alexandrine line, another equally incongruous comparison. The result is the following series of metaphors which are unfounded in reality and difficult to conceive:

>El mar, que el biceps de la playa humilla,
>tiene sinuosidades de felino,
>y se deja caer sobre la orilla
>con la cadencia de un alejandrino.
>
>(DVM, p. 143)

In several other poems, López based his metaphors on the similarity between nature and the human anatomy. In "A bordo," he invented the following analogy:

>Y el rudo mar, infatigable viejo
>viril, siempre bilioso,
>frunciendo a cada tumbo su entrecejo,
>su entrecejo canoso...
>
>(PD, p. 96)

In "Croquis," the image "Surge la tonsura / del sol entre la cana / neblina" (VAV, p. 40) suggests two unrelated impressions, the tonsure of the priest and the sun ringed by the clouds. In "Trazo," the metaphor "se apaga la retina del sol" (DMV, p. 69) suggests three disparate and unconnected images, the setting of the sun, the extinguishing of a light and the closing of an eye.

In addition to giving nature human features, López also gave it traits of human psychopathy, as in "Cromo":

>La campiña, de un pálido aceituna,
>tiene hipocondría, una
>dulce hipocondría que parece mía.
>
>(DMV, p. 49)

In "Trazo" he offered a rather peculiar comparison, associating the bridge and the swamp with the eyebrow and eye, respectively.

The eye, which performs the contradictory movement of "mira sin mirar," is also given two antithetical, psychopathic states, the licentiousness of the sybarite and the neurosis of the ascetic:

> ...Y bajo el puente
> de bejucos, que finge áspera ceja
> se abre con sueño el ojo del pantano.
>
> Ojo que mira sin mirar, que aduna
> la voluptuosidad del sibarita
> y la extraña neurosis del asceta.
> (DMV, p. 69: PD, p. 68: PEA, 1st ed., p. 39)

In "Crepúsculo sedante," he attempted to create a new dimension of reality, uniting several elements to turn concrete concepts into abstract ones:

> En tanto que las aves tranquilamente solas
> suben al cielo, cuentas salidas de un collar,
> y bajan y se alejan, diéresis de las olas,
> por sobre la U que forma cada tumbo del mar...
> (PD, p. 79)

Here the birds are transformed into "cuentas salidas de un collar." The image suggests three distinct ideas: birds flying, stories being told, and a necklace falling into pieces. The birds undergo a further metamorphosis, becoming diareses on the U shapes formed by the waves.

López' later works were published after the Vanguard manifestos appeared. From the stylistic point of view, the influence of this school upon these works is minimal. He neither suppressed punctuation nor capitalization, nor in the popular Futurist manner, did he extol the glories of the airplane, automobile, or progress in general. There are, however, a few images in López' later works which are similar to those Vanguard images referred to by José Ortega y Gasset. These metaphors tend to belittle the object rather than to embellish it. Ortega y Gasset gave the following example in *La deshumanización del arte e ideas sobre la novela:* "El sol es el balón para jugar al fútbol" (p. 374). Similar images can be found in López' poetry:

STYLE

              ...El cielo
de un amarillo anémico de alpiste
me pareció risueñamente triste,
y el sol, el padre sol, un gran buñuelo.
                    (PEA, 2nd ed., p. 12)

Mientras el sol, como una enorme yema
de huevo frito, atisba tristemente
sobre la cruz de un campanario...
                    (PEA, 1st ed., p. 43)

Mientras la luna, desde el hondo arcano,
calca la iglesia. En el azul plafón,
la luna tumefacta es como un grano...
—Y la iglesia un enorme biberón.
              (PEA, 1st ed., p. 71; 2nd ed., p. 100)

CHAPTER V

VERSIFICATION

The Modernist period was an era of experimentation with metrics. Traditional Spanish verse forms were revived, new ones introduced from France, and daring innovations conceived. Luis Carlos López heeded the Modernists' enthusiasm for novel versification and incorporated many of their techniques into his poetry.

Although López favored the sonnet, he rejected the form used by the Renaissance poets, that is, the sonnet composed of fourteen eleven-syllable verses with rhyme scheme abba, abba in the quartets and some combination of cde in the tercets. Rather, he preferred a variation probably originating in France and introduced into Spanish America by the Modernists. This form featured as its consonantal rhyme scheme two crossed-rhymed quartets, abab, abab, with two tercets having a combination of ccd or cde. Such a form is found in "Lector" (PEA, 1st ed., pp. 21-22; 2nd ed., pp. 11-12), "Para vuesa merced" (PEA, 1st ed., pp. 109-110; 2nd ed., pp. 45-46), "A mi casa" (PEA, 1st ed., pp. 85-86), and "Paseo matinal" (PD, pp. 35-36). In "En la penumbra" López employed this Modernist innovation with consonantal rhyme scheme abab, abab, ccd, eed:

> A la intemperie mi alma. —¿Quién me abriga,
> quién me da de esperanza algún destello?
> Y apuré, con mis fardos de fatiga,
> la sed caliginosa del camello.
>
> Te vi... Pero te vi bajo la ortiga
> de tu sayal, tu escapulario al cuello,
> con el cilicio, que a Satán fustiga,
> y la profanación de tu cabello...

Sentí, por el nirvana de tu influjo,
mi espiritualidad. —Wagner, el brujo,
interpretó la dualidad de un treno

en la pequeña, nave de la ermita,
donde tú buena Hermana Carmelita,
me hacías bueno, extrañamente bueno...
                                    (DMV, pp. 65-66)

Another variation of the sonnet of French origin, utilized by Modernist poets, was that composed of the French alexandrine verse. López used twice this twelve-syllable, two-hemistich line, first in "Hongos de la riba, III," written in his most frequent consonantal rhyme pattern, abab, abab, cde, cde:

... Dice por las noches: —Mira, Dorotea,
no tengo un centavo." Melenudo y tal,
se acoge a su cuarto de casa de aldea,
y escribe unos versos, un editorial...

No llora. Y si acaso la cosa es muy fea,
se limpia uno que otro sacro lagrimal.
Y después, ¿qué importa? ¡Vamos, se pasea
feliz con su terno canario y turpial! ...

Por el pueblo —y debe mil pesos al mes—
su vida no es vida de oscuro armadillo,
—tan hecha de trampas, tan entretenida...

Y si le preguntan: —Pero hombre, ¿eso qué es?
Exclama entre el humo de su cigarrillo:
—¡¡La vida, la vida, la vida, la vida!!
                                 (PEA, 1st ed., pp. 79-80)

In "A Basilio," quoted in the preceding chapter, he used the French alexandrine divided into two hemistichs of six syllables. He deviated from his usual rhyme scheme by using the consonance of the quartets in the two tercets.

Another verse form which López probably borrowed from Modernism was the sonnet composed of the traditional Spanish alexandrine line of fourteen syllables, divided into two hemistichs. Like the sonnet of eleven-syllable verses, López used this form repeatedly. "A Satán" (PEA, 1st ed., pp. 83-84; 2nd ed., pp. 73-74), "Medio ambiente" (PEA, 1st ed., pp. 93-94; 2nd ed., pp. 84-86), and "El trashumante Mateo" (PD, pp. 46-47) illustrate this consonantal rhyme scheme abab, abab, and some combination of cde in the tercets. Similar to the preceding, "Don Juan Manuel" is composed of the Spanish alexandrine line divided into two hemistichs of unequal length:

> Don Juan Manuel trabaja catorce horas al día,
> desde hace medio siglo. Don Juan Manuel, así
> que amanece, apostado tras su ferretería,
> le da un tiro a cualquiera por un maravedí.
>
> Y, sin embargo, probo sujeto de cuantía,
> resulta un personaje municipal. —Aquí
> no es un arrocinado burgués sin biografía,
> quien sabe, entre serruchos, vender un berbiquí.
>
> ...Buena persona. Nunca, según dice, ha tenido
> que ver con la justicia, como el bandido Luis
> Felipe, un pobre diablo capaz de ser bandido,
>
> pues antenoche, ayuno de pan y harto de anís,
> robóse una custodia... —Don Juan Manuel, tundido
> por este sacrilegio, clamaba: —¡Qué país!...
>   (PEA, 1st ed., pp. 65-66; 2nd ed., pp. 54-55)

In "En tono menor" (PEA, 1st ed., pp. 75-76), "A un amigo" (PEA, 1st ed., pp. 103-104), and "Hongos de la riba, I" (DMV, p. 61) López varied the alexandrine sonnet with a mixture of consonance and assonance. "En tono menor," quoted in Chapter I, includes the use of *a* assonance in the even lines of the quartets and the final lines of the tercets and consonance in the others.

López took further liberties with the sonnet which may have been inspired by Modernism. In several poems he used the eight-syllable line with consonance. Some poems of this type are "Fabulilla" (PEA, 1st ed., pp. 97-98; 2nd ed., p. 51), "Desde un pontón" (PD, p. 93), "Tarde de verano" (DMV, pp. 119-120), and "Desde mi predio" (PD, pp. 29-30). Here, as in "Un caso," he used two crossed-rhymed quartets, abab, abab, and two tercets with some form of cde rhyme pattern:

> Mi parienta, magra y fría,
> solteronamente fea,

con nostálgica atonía
piensa en cosas de su aldea...

Quiere vivir con su cría
de palmípedos. Desea
manejar en la alquería
diariamente la polea

del pozo, oír en ayuna
su misa y tragarse alguna
que otra eucarística oblea,

sin tiznar el pensamiento
con el sexto mandamiento
pornográfico. Así sea.
(PD, p. 41)

Another of López' variations was the sonnet of nine-syllable lines, found in "Al margen" and "Non plus ultra," both quoted in Chapter V. In "Al margen" he used consonance with rhyme pattern abab, abab, ccd, eed. In the latter he varied the normal rhyme scheme by introducing a sixth rhyme, *os*.

"En Guambaro" is the only sonnet composed of ten-syllable lines:

...¡Qué matrimonio para mi aldea!...
Pues ¡ay! el chico pide ronzal,
y —como sufre de verborrea—
quiere una cosa: ¡ser Concejal!...

Pero la chica, que no es muy fea,
—traje a cuadritos, gris delantal—,
sabe de todo: lava en batea,
y es cuando guisa ¡piramidal!...

¡Oh las parejas de alas de pato!...
¡No necesitan bicarbonato,
y se conservan como en alcohol,

sin el lirismo de las gaviotas,
que van, —ensueños de almas remotas—
libres en una puesta del sol!...
(PEA, 1st ed., pp. 121-122; 2nd ed., pp. 52-53)

In another group of sonnets, which may reflect Modernist influence, López varied the length of the verses. He preferred an irregular arrangement of seven and eleven-syllable lines. "Va cayendo la noche" (PD, pp. 86-96), "Croquis" (VAV, p. 40), "Cromo" (DMV, pp. 49-50) exemplify such patterns. In "Para ti" he used this form with a rhyme pattern of abab, abab, cde, cde:

> Tosca mesa de pino
> y un modesto quinqué. Por la ventana
> penetra el opalino
> retazo de una rústica mañana
>
>   metida en el invierno. Un argentino
> repique de campana
> de algún pueblo vecino,
> mientras dialoga el sapo con la rana...
>
> Lejos de todo, en esta
> casucha aislada —un quieto
> rincón acurrucado en el recodo
>
> de la húmeda floresta—
> te escribo este soneto
> rural, lejos de todo...
>
> (PD, pp. 27-28)

In "De sociedad," quoted in Chapter I, López varied the rhyme of the sonnet composed of verses of seven and eleven syllables. He mixed consonance and assonance, with accented *o* assonance in the even lines of the quartets, accented *i* assonance in the final lines of each tercet, and consonance in the others.

His final variation of the sonnet contains lines of several different lengths. Examples are found in "Camino de Bogotá" (VAV, p. 45), "In illo tempore" (PEA, 1st ed., pp. 105-106), and "De perfil" (DMV, pp. 99-100). While he varied the length of the verses in these sonnets, he generally included two consonantal, cross-rhymed quartets and two tercets with some form of cde rhyme scheme. In "Camino de Bogotá," quoted in Chapter I, are found verses of three, four, five, six, seven, eight, and nine syllables.

After the sonnet, the form López composed most frequently was the quartet. Occasionally he used four verses of the same length, such as the eleven-syllable, crossed-rhymed quartets found in "Postura difícil" (DMV, p. 135) and "Noche de Pueblo." With "rima aguda" in the second and fourth verses, López approximated the quartets favored by the Romantic poets, as in "Noche de pueblo":

> Noche de pueblo tropical: las horas
> lentas y graves. Viene la oración,
> y después, cuando llegan las señoras,
> la musical cerrada del portón...
>
> Se oyen de pronto, cual un disparate,
> las chanclas de un gañán. Y en el sopor
> de las cosas, ¡qué olor a chocolate
> y queso, a pan de yuca y alfajor!
> (PEA, 1st ed., pp. 69-70; 2nd ed., pp. 99-100)

A meter preferred by post-Romantic poets was the crossed-rhymed quartet with various "metros mayores," especially the Spanish alexandrine line. López utilized this form in "Versos rurales":

> Primavera que ríe. Primavera que pierde
> las almas... Los pastores cantan coplas sencillas
> sobre los tamboriles, porque todo está verde
> y porque ya se fueron las hojas amarillas.
>
> Es el tiempo del vino, de los vinos añejos.
> Y por ti, Primavera, sobre alegres pollinos
> nos echamos al campo para cazar conejos,
> para comer tus frutos, para libar tus vinos.
> (DMV, pp. 25-26)

A final variation of the quartet composed of verses of the same length is "Pasas por la calle." It is the sole example of a six-syllable verse quartet with *a* assonance in the even lines:

> Pasas por la calle
> principal. Y pasas
> con el garbo chulo
> de tu alegre fama.
>
> Pones aspavientos
> en las provincianas
> vidas que florecen
> como las patatas.
> (VAV, p. 41: PEA, 1st ed., p. 100; 2nd ed., p. 57)

López favored the quartet with verses of varying lengths. He used predominantly those of seven and eleven syllables, a form which has been popular in Spanish poetry since the Renaissance. In "Horas de paz," he alternated verses of seven and eleven syllables, with consonance:

> La mañanita opaca,
> mañanita de campo... En el corral
> me siento. Hay una vaca
> que aspira el llano y muge una vocal...
>
> La rústica alquería
> se agazapa en la niebla. —Es un placer
> sentir llegar el día
> con la frescura del amanecer.
>
> (DMV, p. 115)

Generally, in his quartets, seven and eleven-syllable verses were placed at random, as in "Despilfarros XV" (PD, p. 70), "Cinematografía" (DMV, pp. 89-90), "Hora romántica" (VAV, p. 37), and "In pace." The following is a segment of the last named:

> Cruza el arroyo el solitario entierro
> de un pobre. Es natural
> que le acompañe un perro
> bajo la indiferencia vesperal.
>
> ¿De qué murió? Sería
> de bulimia, es decir
> de no haber visto la panadería
> con ojos de fakir.
>
> (PD, pp. 29-30)

Another variation of the quartet of seven and eleven-syllable verses, found in "Despilfarros V" and "Despilfarros VII," is written in blank verse, as in the following selection from the latter:

> La luna es medio mamey: asoma
> detrás de la perilla
> de un mirador. Y el faro
> con brusquedad insólita hace guiños...
>
> La silueta de un perro,
> fugitiva y elástica, en un muro

da ódicamente [odiosamente] un salto...
y éste asombra en la calle a un policía.
(PEA, 1st ed., pp. 47-48; 2nd ed., pp. 92-93)

While López' quartets were predominantly combinations of seven and eleven-syllable verses, occasionally he composed them with a multiplicity of verse lengths. Some poems of this type are "Emoción vesperal" (VAV, p. 73), "Mi raza española" (VAV, p. 42), and "El año nuevo." In the latter he used crossed-rhymed quartets with verses of two, four, six, seven, eight, ten, and eleven syllables:

Todo es lo mismo: ayer
pasó, como ahora pasa,
la mujer
que vende a gritos queso y pan. La casa

vecina, un caserón
tan ruinoso que no resiste un tajo
ni un ligero empujón,
no se ha venido abajo...

La calleja
tal cual. Y en el agudo
triángulo de una teja,
mudo

y senil asoma el sol. ¿Qué hacer
para ir tras el imán
del optimismo en un amanecer
que huele a queso y pan?
(VAV, p. 34)

With respect to tercets, "Cartulina postal" is an example of the tercet of eleven-syllable verses with consonantal rhyme, abc, abc:

Flota en desbordamiento de cascada...
con visos de pavón, su cabellera
funeral como el ébano y la endrina.

Y acaricia su lánguida mirada,
cual suele acariciar una quimera
bajo el sopor azul de la morfina.
(DMV, p. 132)

In "Despilfarros II," he offered a combination of tercets composed of seven and eleven-syllable verses, with a rhyme scheme similar to that of "Cartulina postal":

> Se diluye la ingente
> curva de la montaña. El sol se aleja
> por entre nubes de un azul de aciano.
>
> Ni un chopo ni un cortijo, bajo el puente
> de bejucos, que finje áspera ceja,
> se abre con sueño el ojo del pantano...
> (DMV, p. 69: PD, p. 68: PEA, 1st ed., p. 39)

"Campesina no dejes" is composed of tercets of fourteen-syllable verses. The rhyme scheme throughout the seven stanzas is aba, bcb, cdc, ded, efe, fgf, ghg:

> Campesina, no dejes de acudir al mercado
> con tus rubios cabellos —coliflor en mostaza—
> y tus ojos, tus ojos donde anida el pecado...
>
> ¡Quién no acude por verte cuando cruzas la plaza!
> ¡Si hasta el cura del pueblo, que es un alma sencilla,
> al mirarte sacude su indolente cachaza!...
>
> ¡Si eres égloga!... Y cantas sin cantar, la semilla
> y el surco, los molinos, el arroyo parlero
> donde viajan las hojas su tristeza amarilla...
>
> ¡Qué te importa que un zafio, que un panzudo banquero
> y que aquella muchacha solterona y muy fea,
> no avaloren —mendigos de su inútil dinero—
>
> la eclosión de tus frutos, de tu alegre azalea!...
> ¡Que se vayan al cuerno!... ¡Que se vayan al ajo
> y al tomate!... ¡Y que coman arroz con hicotea!
>
> Porque tú, campesina de sombrero y refajo,
> cuando pasas en burro —sandunguera y sabrosa—
> pones alas y trinos de jilguero en el grajo! [1]

In his longest poem, "Égloga tropical," López composed thirty-two stanzas utilizing the silva, as seen in the following fragment:

---

[1] López, *Comedia tropical*, ed. by Jorge Zalamea (Bogotá, 1962), p. 96.

Duermes en tosco lecho
de palitroques, sin colchón de lana,
y así, tan satisfecho,
despiertas sin galbana,
refocilado con tu barragana.

Atisbas el renuevo
de la congestionada clavellina,
mientras te anuncia un huevo
la indiscreta gallina,
que salta de un jolón de la cocina...
    (PEA, 1st ed., pp. 115-120; 2nd ed., pp. 107-112)

López used only once, in "Serenata," the six-line stanza; it consists of a seven-syllable verse with *a a* assonance in the even lines:

¡Ay, Camila, no vuelvo
ni al portón de tu casa,
porque tú, la más bella
del contorno, me matas
con promesas que saben
a gabazo de caña!

¡Nada valen mis besos
y achuchones!... ¡Y nada
si murmuro en tu oreja,
tu orejita de nácar,
cuatro cosas que tumban
bocarriba a una estatua!
    (PEA, 1st ed., pp. 72-73; 2nd ed., pp. 77-78)

The eight-line stanzas was another form very infrequent in López' poetry. One example is "Ribereña," composed of seven and eleven-syllable lines placed at random. The only rhyme is the *a a* assonance of the eleventh and fifteenth verses:

O las 4. a.m. Parpadea
un lampo matinal. Sobre la playa
los pescadores, como la ventisca
preña la blanca lona, sueltan nudos.
Y la ventisca pasa
por entre los cordajes,
como una sinalefa
de suspiros muy largos...

> La barca, dando tumbos
> de dipsómano, se abre
> de la riba. Mis sueños
> nostálgicos cual una
> emigración de pájaros marinos,
> vuelan sobre el velamen
> que se despide, como un gran pañuelo,
> en la convalecencia de la noche...
>
> (DMV, pp. 147-148)

Finally, several of his poems combined stanzas of several different lengths. "En provincia" (VAV, p. 48) has a stanza with four verses followed by one with eight verses. "Misantrópica tarde" (PEA, 1st ed., pp. 37-38; 2nd ed., pp. 54-55) is composed of four stanzas with five, six, four, and five verses, respectively. "Desde mi celda" (VAV, p. 49) has two tercets, two quartets, and one quintet:

> Vivo en un caserón
> que fue convento,
> a cuatro leguas de la población,
> porque mi pensamiento
>
> necesita
> mucho recogimiento
> y la insípida paz
> del cenobita.
>
> Penetra por la cruz de mi ventana
> la faz,
> del sol, lozana
> perspectiva; la verde ondulación
> de la sabana...
>
> Y en este campesino
> caserón,
> que luce a trechos monacal verdín,
>
> ¡como sangrienta broma del destino
> me ha tocado un vecino
> que aprende cornetín!

CHAPTER VI

CONCLUSIONS

Hitherto little has been know about the life of Luis Carlos López. The information disseminated in articles, anthologies, and histories has been sketchy and often erroneous. This lack of even basic facts about the poet's life is probably due to his desire to maintain privacy. He avoided interviews and occasionally misled seekers of information by reporting false data. It now appears that he lived a relatively uneventful life, spent almost entirely in Cartagena. Temperamentally suited for leisurely existence, he did not pursue any particular career with enthusiasm. Rather, at various points in his life, he was a businessman, journalist, and diplomat.

In outward appearance López was typical of the bourgeoisie he criticized. Possessing a relaxed, if not lazy, demeanor, he did nothing positive to correct the faults he saw in society. In order to disassociate himself from and to elevate himself above the middle class, he spent his leisure hours almost exclusively in intellectual pursuits not requiring physical exertion. Many hours were spent reading literature and writing poetry. He also initiated and cultivated the friendship of well-known literary figures through correspondence. In Cartagena he associated primarily with a nonconformist group which encouraged freedom of thought. His intellectual superiority placed him above the bourgeoisie where he observed this class of individuals critically. The direct result of these observations was his satirical poems which provided him with a convenient method of documenting his awareness and disapproval of the vices inherent in society.

The history of López' poetry also presents problems. Some histories, anthologies, and critical studies report incorrect places and dates of publication. Others omit mention of one or more of his works. Again this confusion is partially due to his uncooperative attitude toward critics and journalists. Another important factor is that few copies of his books were published and even fewer were sold. Presently these volumes are difficult to obtain.

The information available today is primarily the result of the efforts of Alfonso Amadó Claros, who has located many of López' personal letters. Apparently these are his only written references to his poetry. This correspondence provides valuable insight not only into publication dates and places, but into the dilemma he constantly faced in securing publishers; as a result his poetic output was limited to five small volumes. It is certain that he intended to publish at least two additional volumes of poetry, his complete works, "Deja que digan," and "Algo es algo." His difficulty in interesting publishers may also account for the fact that his intended novel, "Los indefensos," did not materialize. Another contributing factor, however, was probably his lack of the perseverance necessary to write a longer work.

Despite difficulties with publishers and the relatively scanty circulation of his works, López was a popular poet. In the Spanish speaking countries, many admirers recited his poetry from memory, and several dignitaries came to Cartagena to visit and confer with him. Primarily responsible for his popularity were the magazines and newspapers which published his poems in their columns. These papers and journals helped to disseminate his works and increased his renown.

While López did not desire popular recognition, he actively sought the attention of such contemporary literary figures as Miguel de Unamuno, Rubén Darío, and Manuel Ugarte. He wrote letters to them requesting critiques and prologues for his works, as well as for assistance in securing publishers. This correspondence indicates that despite his expressed nonchalance toward his poetry, he valued it so highly that he felt it worthy of the consideration and attention of important authors.

López was very familiar with the people, scenery, and way of life of Cartagena. His poetry rarely transcends the borders of his native city, as seen by his choice of themes. They are relatively few and generally reflect the Postmodernist tendency to seek inspiration in the immediate environment. Even when on diplomatic missions, López seldom recorded poetically his impressions of the countries he was visiting. Rather, he wrote about people and events in Cartagena.

The theme of nature is found only in López' first three volumes, *De mi villorrio, Posturas difíciles,* and *Varios a varios.* His treatment is limited to depicting primarily sunrises, sunsets, and tropical storms. Generally, these poems contain superficial descriptions of the physical aspects of nature with primary emphasis upon visual and audio appeal. Such appeals apparently resulted from Modernism's influence. His treatment of nature varies from realistic to distorted and contrived descriptions. By the time his later works were published, nature was no longer a primary motif, but relegated to the background where it provided the setting for his portrayals of life in Cartagena.

The themes which revolve around people, activities, and social conventions provide López' interpretation of Cartagena during his era. Unlike the previous classification, these three motifs are found in all five volumes, as well as in the poetry written after the publication of his last book. While he included realistic descriptions of almost every facet of Cartagena society, his portrayals were generally biased, as he dwelt solely upon negative aspects. His primary purpose was to indicate that he was aware of and unwilling to condone the vices inherent in the life and people surrounding him. The treatment of these themes in his earlier works is predominantly marked by anger, but later, with *Varios a varios,* it became apparent that López had abandoned the use of invective, in favor of a more satirical and humorous approach. This tendency was continued in both editions of *Por el atajo.*

Like the themes of people, customs, and events, the motif of love is found in all five volumes. It is also the one which underwent the greatest change throughout López' poetic career. His earliest poems, written as a student, concerned ideal love. Influenced by the works of Gustavo Adolfo Bécquer, he wrote of the anguish caused by pursuing an ideal, unattainable woman.

By the time his first volume of poetry appeared, the shadow of Bécquer had disappeared. In *De mi villorrio,* as well as in

Posturas difíciles, López described delicate, romantic encounters and recollections. In these works, the amorous motifs provided him the opportunity to utilize Modernist techniques, paying more attention to describing the physical rather than the emotional details involved.

Although only one poem on love is found in *Varios a varios,* it indicates that López had already divorced himself from Modernist descriptions of the subject. Here he approached love with a humorous attitude which he utilized exclusively in both editions of *Por el atajo.* In these works, he depicted himself as a rejected lover. As such, he railed at the object of his affections with a distasteful vocabulary and imagery. His mocking tone indicates that these poems about love provided an additional avenue for the poet to satirize the middle-class way of life.

In the minority are themes which deal with López' personal conflicts and concerns. In *De mi villorrio* and *Posturas difíciles,* he described the typical dilemmas which have plagued poets of all generations. They include a longing for the past, the nothingness of life, loss of youth and youthful ideals, and death. These concerns were treated generally with emotional restraint in the Modernist manner.

The superficial expression of these themes in *Posturas difíciles* and *De mi villorrio* vanished by the time *Varios a varios* was published. In this volume and in both editions of *Por el atajo,* López occasionally utilized such motifs as a tool for satire, as in "Sepelio," a poem about death where he ridiculed conventional funeral practices. Also found in both editions of *Por el atajo* are a few poems on these subjects which offer an example of his deep and genuine concern.

While López has been classified as a Postmodernist poet, his complete works indicate that he employed also the stylistic techniques of Modernism and Vanguardism. *De mi villorrio* and *Posturas difíciles* contain examples of all three styles.

While López did not copy the excesses of Modernism, he did incorporate into his poetry its vocabulary, melancholy, economy of expression, and appeal to the senses. He embellished the local environment with the birds, flowers, colors, and rare and precious objects preferred by the Modernists.

In *De mi villorrio* and *Posturas difíciles,* are included also several poems which reflect a transitional stage between Modernism and Postmodernism. In these poems, López borrowed the economy of words and appeal to the senses from the Modernists, and the emphasis upon the common and ordinary from the Postmodernists.

The poems in these two works which are completely Postmodernist in style are generally satirical. In several, based upon invective, he ridiculed local types with words which were harsh in sound and connotation. Also present in these volumes are the first vestiges of humor, which he used for satirical purposes, a combination and technique that he developed more fully in his later works.

Characteristics of Vanguardism are also present in several poems found in *De mi villorrio* and *Posturas difíciles*. Since these poems were published prior to the appearance of the first Vanguard manifestos, it might seem as if López shows signs of being a precursor of the movement. In these works López gave to natural landscape qualities which did not exist in reality. While his use of single and multiple metaphors to personify nature would have gained him the approbation of the Vanguardists, these poems are probably his least successful.

Although *Varios a varios* retained some vestiges of the Modernist and Vanguardist styles, its poems are more similar to those found in both editions of *Por el atajo*. In the former as well as in the latter, the use of satire based upon invective disappeared. Instead López ridiculed various segments of middle-class society through the use of animal imagery, "blue" humor, fable, and parody.

While satire is predominant in both editions of *Por el atajo*, small segments of this poetry are written in the Postmodernist style, but with no satirical intent. Here the cynicism of his satiric poetry is replaced by sentimentality, as he recalls past events and dear friends. The sadness and affection which permeated these poems indicate that he was not callous or indifferent to humanity, as some critics have maintained. Rather, this verse demonstrates that he was capable of noble sentiments. The poetry written after the publication of the second edition of *Por el atajo* is a continuation of his satirical and non-satirical Postmodernist style.

Throughout López' career, he consistently wrote short poems, which varied between one and thirty-two stanzas in length. The most important influence upon his versification was Modernism. This is reflected primarily in his obvious preference for the sonnet. His favorite rhyme scheme was consonance, with the pattern abab, abab, and some form of cde in the quartets. This form of French origin was introduced to Spanish American literature by the Modernists. While he used most frequently the traditional eleven-syllable line, he occasionally composed sonnets with various verse lengths and with rhyme other than consonance. Verses of fourteen, twelve, ten, nine, and eight syllables may be found. He also followed Modernist experimentation in his sonnets by employing assonance or a mixture of consonance and assonance.

The other verse forms utilized by López were the same as those found in traditional Spanish literature. After the sonnet, he seemed to prefer the quartet. Although he favored a combination of seven and eleven-syllable lines, he composed quartets of fourteen, eleven, six, and a combination of multiple verse lengths. All his volumes contain quartets written in both consonance and assonance or a mixture of the two. Only in two poems both found in *Por el atajo,* is blank verse used. Other forms employed to a much lesser extent and interspersed throughout the five collections include the tercet, the eight-stanza, and five-stanza poem.

In a relatively conservative and unoriginal period, López showed more originality than most Postmodernists. Stylistically he created daring metaphors and thematically he utilized vivid, effective satire. Although the gamut of his themes was limited to Cartagena, his poetry has a universal quality. Even those unfamiliar with Cartagena can easily recognize and appreciate the local types López portrayed. These characters' vices and pretenses epitomize those found in many places and epochs. Because of his universally appealing and imaginative poetry, he deserves the same renown that has been accorded other Postmodernists, some of whom show less stylistic finesse and less inventiveness.

BIBLIOGRAPHY

WORKS BY LUIS CARLOS LÓPEZ

Editions

De mi villorrio. Prologue by Manuel Cervera. Madrid: Librería de Pueyo, 1908.
Posturas difíciles. Madrid: Librería de Pueyo, 1909.
Varios a varios. (In collaboration with Abraham López-Penha and Manuel Cervera.) Prologue by F. Ramos González. Madrid: Librería de Pueyo, 1910.
Por el atajo. Prologue by Emilio Bobadilla. Cartagena: Mogollón, 1920; 2nd ed. Prologue by Baldomero Sanín Cano. Cartagena: Mogollón, 1928.

Journal Publications

"Barrio holandés" and "Mientras llueve." In "Poesía americana." *Nosotros,* VII (January, 1912), 190-191.
"Apuntes callejeros," "A un perro," "Medio ambiente," "Noche señera," and "Tedio de la parroquia." In "Poesía americana." *Nosotros,* XII (May, 1918), 463-465.
"A mi ciudad nativa," "Fabulita," and "Tedio de la parroquia." In "Poesía americana." *Nosotros,* XIV (May, 1920), 177-178.
"Brindis," "Día de procesión," "Noche buena," and "Serenata." In "Poesía americana." *Nosotros,* XV (May, 1921), 430-433.
"A un bodegón," "Fabulilla," "In memoriam," "Noche señera," and "Para vuesa merced." In "Poetas de Colombia." *Repertorio Americano,* XVIII (January 26, 1929), 48.
"A mi ciudad nativa," "Apuntes callejeros," "A Satán," "A un amigo," "A un perro," "Croquis lugareño," "Égloga tropical," "Fabulita," "Medio ambiente," "Muchachas de provincia," and "Se murió Casimiro." In "Poetas de Colombia." *Repertorio Americano,* XVIII (February 9, 1929), 32-33.
"A Carlos Villafañe" and "Perspectiva halagüeña." "Poesías desconocidas de Luis C. López y Carlos Villafañe." *Manizales,* No. 371 (April, 1972), p. 173.
"Carta segunda a Jorge Mateus." *Viernes Literarios,* Manizales, n.d., no pagination.

Anthologies

Hongos de la riba. Ed. by Jorge Zalamea. Buenos Aires: Editorial Claridad, 1942.
42 poemas de Luis Carlos López. Prologue by Carlos García Prada. Mexico: Fondo de Cultura Económica, 1946.
Selección de versos. Prologue by Aníbal Esquivia Vásquez. Cartagena: Editorial Bolívar, 1946.
Poesía de Luis Carlos López. Ed. by Abel García Valencia. Medellín, Colombia: Ediciones de la Universidad Pontificia, 1950.
Los mejores versos de Luis C. López. Ed. by Simon Latino. Buenos Aires: Editorial de Nuestra América, 1954.
La comedia tropical. Ed. by Jorge Zalamea. Bogotá: Ediciones Nueva Prensa, 1962.
Poemas de Luis Carlos López. Ed. by Jorge Montoya Toro. Medellín, Colombia: Editorial Bedout, n.d.

Unpublished Poems

"Sí, ya sé que ha triunfado." Written in an autograph album and secured from Alfonso Amadó Claros. Cartagena, n.d. (See appendix).
"Carta entreabierta IV." Secured from Domingo López Escauriaza. Cartagena, n.d. (See appendix).
"A Julio Flores." Secured from Amadó Claros. Cartagena, January 14, 1923. (See appendix).

Anthologies Published in the United States

Florit, Eugenio and José Olivio Jiménez. *La poesía hispanoamericana desde el modernismo.* New York: Appleton-Century-Crofts, 1928.
Hespelt, E. Herman, et al. *An Anthology of Spanish American Literature.* New York: Appleton-Century-Crofts, 1946; 2nd ed., 1968.

Translations in English

Fitts, Dudley. *Anthology of Contemporary Latin-American Poetry.* Norfolk, Conn.: New Directions, 1947.
Hays, H. R. *12 Spanish American Poets.* New Haven, Conn.: Yale University Press, 1943.

CRITICAL REFERENCES

Alberto Sánchez, Luis. *Escritores representativos de América.* Vol. II. Madrid: Gredos, 1964.
Amórtegui, Octavio. "Luis C. López." *Revista de América,* XXII (December, 1950), 130-136.

Arango Ferrer, Javier. "Evocación y poesía." *El Tiempo*, Bogotá, November 8, 1970.
Baciu, Stefán. *Servindo à poesia*. Rio de Janeiro: Ministeiro da Educação è Saude, 1953.
Banchs, Enrique. "De mi villorrio." *Nosotros*, IV (January, 1909), 332-336.
Botero, Ebel. *Cinco poetas colombianos*. Manizales, Colombia: Imprenta Departamental, 1964.
Castañeda, G. "El tuerto López." *Repertorio Americano*, XXXIV (September 25, 1937), 190.
Esquivia Vásquez, Aníbal. "Luis C. López." *Selección de versos*. Cartagena: Editorial Bolívar, 1946.
Gallego, Romualdo. *Crónicas, cuentos y novelas*. Medellín, Colombia: Imprenta Oficial, 1938.
García Prada, Carlos. "Zurce que zurce líricos chismes." In Luis C. López, *42 poemas de Luis Carlos López*. Mexico: Fondo de Cultura Económica, 1946.
Guillén, Nicolás. "La carcajada dolorosa de Luis C. López." *Revista de América*, XXII (July, 1950), 433-440.
Llorente Arroyo, Alfonso. "Luis Carlos López." *Hispania*, VII (December, 1924), 377-386.
López Escauriaza, Domingo. "Un recuerdo familiar sobre Luis Carlos López." *El Universal*, Cartagena, October 30, 1970.
Lozano y Lozano, Juan. "Muerte de Luis C. López." *El Tiempo*, Bogotá, November 12, 1960.
Maya, Rafael. *Estampas de ayer y retratos de hoy*. Bogotá: Imprenta Nacional, 1958.
Mezencio. "Primera columna." *Diario de Alicante*, December 10, 1909.
Morales, Ernesto A. "Luis C. López, a través de su temperamento." *Panamá*, May 19, 1927.
Nonagenario. "Hace 20 años murió Luis C. López." *El Universal*, Cartagena, October 30, 1970.
Pereira Rodríguez, José. "Epístola a Guillermo Nannetti." *Repertorio Americano*, XLVII (March 15, 1951), 57.
"Por el atajo." *Repertorio Americano*, XVIII (February 9, 1929), 72.
Porras Troconis, Gabriel. "La poesía de Luis C. López." *Las Letras*, Cartagena, February 14, 1957.
Sanín Cano, Baldomero. "El espíritu de los tiempos." *Repertorio Americano*, XVII (July 7, 1928), 72, 79.
Sebá Patrón, Francisco. "Luis C. López." *Boletín Historial*, No. 148 (December, 1971), pp. 89-91.
Shade, George D. "La sátira y las imágenes en la poesía de Luis Carlos López." *Revista Iberoamericana*, XLII (February, 1954), 109-123.
Unamuno, Miguel de. "Lo que dice Miguel de Unamuno." *Repertorio Americano*, XII January 4, 1926), 21.
Viñyes, Ramón. "Luis C. López." *Repertorio Americano*, XIII (March 20, 1922), 409-410.

BACKGROUND MATERIAL

Alonso, Amado. *Materia y forma en poesía*. 3rd ed. Madrid: Gredos, 1965.

Anderson Imbert, Enrique. *Spanish American Literature: A History.* Translated by John V. Falconieri. Detroit: Wayne State University Press, 1963.

―――― and Eugenio Florit. *Literatura hispanoamericana.* New York: Holt, Rinehart and Winston, 1960.

Arango Ferrer, Javier. *La literatura de Colombia.* Buenos Aires: Coni, 1940.

Borges, Jorge Luis. "Ultraísmo." *Nosotros,* XXXIX (December, 1921), 466-471.

Brée, Germaine. *French Poetry: from Baudelaire to the Present.* New York: Dell Publishing Co., 1965.

Bullitt, John M. *Jonathan Swift and the Anatomy of Satire.* Cambridge: Harvard University Press, 1953.

Coester, Alfred. *The Literary History of Spanish America.* 2nd ed. New York: Macmillan, 1928.

Corvalán, Octavio. *El postmodernismo.* New York: Las Américas, 1961.

Craig, G. Dundas. *The Modernist Trend in Spanish-American Poetry.* Berkeley: University of California Press, 1934.

Delvalle, Daniel, ed. *Historial de El Bodegón y la Casa Nacional del Periodista.* Cartagena: Mogollón, 1952.

Díaz-Plaja, Guillermo. *Modernismo frente a noventa y ocho.* Madrid: Espasa-Calpe, 1951.

Echagüe, Juan Pablo. "Poetas de Colombia." *Repertorio Americano,* XLV (June 10, 1940), 148-149.

García Prada, Carlos. *Antología de líricos colombianos.* Vol. II. Bogotá: Imprenta Nacional, 1936.

――――. *Estudios hispanoamericanos.* Mexico: Fondo de Cultura Económica, 1945.

Gómez-Gil, Orlando. *Historia crítica de la literatura hispanoamericana.* New York: Holt, Rinehart and Winston, 1968.

Gómez Restrepo, Antonio. *Historia de la literatura colombiana.* Bogotá: Imprenta Nacional, 1945.

Gullón, Ricardo. *Direcciones del modernismo.* Madrid: Gredos, 1964.

Henríquez Ureña, Max. *Breve historia del modernismo.* 2nd ed. Mexico: Fondo de Cultura Económica, 1962.

Hespelt, E. Herman, et al. *An Outline of Spanish American Literature.* New York: F. S. Crofts, 1941; 3rd ed. Ed. Englekirk, John E., et al. New York: Appleton-Century-Crofts, 1965.

Jaramillo L., Agustín and Aquileo Sierra L. *Antología del humor colombiano.* Medellín, Colombia: Editorial Bedout, 1962.

Kernan, Alvin B. *The Plot of Satire.* New Haven. Conn.: Yale University Press, 1965.

Leguizamón, Julio A. *Historia de la literatura hispanoamericana.* Vol. II. Buenos Aires: Editoriales Reunidas, 1945.

López de Mesa, Luis. "Bibliografía colombiana." *Repertorio Americano,* XVII (February 16, 1929), 136.

Maya, Rafael. *Los orígenes del modernismo en Colombia.* Bogotá: Imprenta Nacional, 1961.

Monguió, Luis. *La poesía postmodernista peruana.* Berkeley: University of California Press, 1954.

Ortega y Gasset, José. "La deshumanización del arte e ideas sobre la novela." *Obras completas.* Vol. III, 1917-1928. Madrid: Revista de Occidente, 1947.

Rosenbaum, Sidonia. *Modern Women Poets of Spanish America.* New York: Hispanic Institute, 1945.

Sanín Cano, Baldomero. *Letras Colombianas.* México: Fondo de Cultura Económica, 1944.

Sáinz de Robles, Federico Carlos. *Los movimientos literarios.* Madrid: Aguilar, 1957.

Stimson, Frederick S. *The New Schools of Spanish American Poetry.* Chapel Hill: Hispanófila, 1970.

Torre, Guillermo de. *Literaturas europeas de vanguardia.* Madrid: Rafael Caro Raggio, 1925.

Videla, Gloria. *El ultraísmo, estudios sobre movimientos poéticos de vanguardia en España.* Madrid: Gredos, 1963.

Wellek, René and Austin Warren. *Theory of Literature.* 3rd ed. New York: Harcourt, Brace and World, 1956.

APPENDIX

Correspondence with Manuel Ugarte

Cartagena, Col., 6 de Sept. de 1907

Sr. Manuel Ugarte
París

Poeta:

Le remito para su nueva Antología algunos sones de mi pífano. Nadie me los ha pedido; pero se los envío para darle [sic] una sorpresa a mis paisanos, que quieren —tal vez por aquello que llaman espíritu de Conservación— echar en el olvido a este muchacho, sincero admirador de usted, amigo Ugarte.

Luis C. López

Cartagena, Febrero 6, 1909

Sr. Manuel Ugarte
París

Mi querido amigo:

Gracias de todo corazón por el envío de su libro *Las nuevas tendencias literarias,* que he leído con sincera admiración y afecto. He escrito algo así como un juicio sobre sus crónicas. Este artículo lo he remitido —aquí no tengo periódico— a *La Prensa* de Bogotá. Me prometo enviárselo inmediatamente que lo reciba publicado. Ojalá sea de su agrado.

Hoy le he mandado a la Librería Allendorff un muestrario de versos míos, como quien remite una ristra de ajos, para ver si quieren editarme un libro. ¿Podría Vd. —ya que no me atrevo a pedirle un prólogo— recomendarme a dichos editores? Si esto le quita tiempo, no se ocupe del asunto. No por eso dejará de admirarle y quererle su verdadero amigo.

Luis C. López

Cartagena, Mayo 5, 1909

Mi querido Ugarte:

He recibido su cariñosa carta —Vd. es muy bueno conmigo. Veo lo que me dice sobre la Librería Garnier. Gracias, muchas gracias por todas sus bondades. Ese prólogo que tan generosamente me ofrece, guárdemelo para cuando escriba una obra que lo merezca. Actualmente Don Gregorio Pueyo, de Madrid, ha hecho un arreglo conmigo para editarme un pequeño libro de versos, un librito que me permití dedicar a Vd. Es un simple recuerdo de un amigo que le admira y quiere. Algo así como un sincero apretón de manos.

Mi hermano Bernardo le remitió a Vd. *La Prensa* y "La canción" publicada en un periódico de la Capital. ****[1] Fue premiado últimamente en un concurso musical de Bogotá. Próximamente le enviará *El cojo* y hoy le retorna sus recuerdos.

Créame que desearía escribirle con calma y no a zancos de avestruz; pero me es imposible. Vivo —¿esto es vivir, Unamuno?— en el ajetreo de una tienda de artículos alimenticios. Razón tuvo John Gay: *"Life is a jest."*

Suyo de corazón,

Luis C. López

París, Diciembre, 1909

Mi querido poeta:

Ya sé que esto no tiene perdón. Pero Vd. no puede poner en duda que aperar [sic] de la correspondencia intermitente y capri-

---

[1] Illegible passages indicated by asterisks.

chosa es la amistad y la alta estimación que el viento por Vd. aumenta siempre.

Recibí a un tiempo el hermosísimo libro del cual hablaré con particular interés y con más extensión que de costumbre en mi próxima crónica de *La Lectura*. Es una obra que afirma una personalidad y crea un matiz dentro de las letras americanas. Le felicito sinceramente y le agradezco la amable dedicatoria, nueva bondad que le debo.

Siento mucho no haber recibido los periódicos que me mandó su hermano Bernardo a quien saludo cordialmente por intervenir de Vd.; y tomo nota del diario de Medellín.

Como prueba de particular estimación va por este correo un fragmento del tomo que está en prensa y aparecerá dentro de pocos días. Esas páginas que reflejan algunas impresiones de mi primera juventud le llevan un largo y vigoroso apretón de manos de su amigo.

Manuel Ugarte

Correspondence with Miguel de Unamuno

Salamanca, el 30 de Mayo de 1908

Señor Luis C. López:

En efecto, mi buen compañero, no tiré al cesto su libro *De mi villorrio*, sino que lo leí y en voz alta porque se lo leí a un ciego que es aquí mi constante compañero de paseo. Leí en medio del campo. Hay cosas, como lo de la científica guardia pretoriana, lo del barbero, el cura holgazán, etc. que me hicieron mucha gracia. Pero en conjunto parece algo desconcertante. Y no lo digo en censura ni mucho menos. Hace usted bien. Es un modo de que el lector se pare diciéndose, "Esto no es como lo demás. Aquí hay algo." Hay algo en su libro. Se ve a un joven que se busca su camino en vez de seguir el de cualquier otro. (Es, sin embargo, al través de los demás como nos encontramos a nosotros mismos.) Hay en sus poemas un cierto humorismo que no es frecuente encontrar ni en hispanoamericanos ni en españoles. (¿Ha leído usted a Browning?) Si usted se emancipa de ciertos prejuicios de escuela (¿Porqué no ensaya el verso libre o por lo menos deja de torturarse por la rima?) creo puede hacer algo de veras nuevo, en cuanto la novedad cabe en el mundo. (Una novedad es resucitar lo pasado; nada más. Creo hoy que Adán si volviese al mundo y viese el ferrocarril y exclamase ante él en lengua paradisíaca: "¡Psh!" Volviéndole los españoles; ¿no le parece?)

Bien, pues, amigo, cuando vuelva a ver algo suyo, aun sin firma, creo que lo reconoceré.

Le diga a mi prologuista que soy un hombre de un equilibrio maravilloso.

Le tiende mano de amigo.

MIGUEL DE UNAMUNO

Cartagena de Indias, Mayo 5 de 1919

Don Miguel de Unamuno
Madrid

Mi querido maestro:

Hace algunos años, cuando yo era estudiante de griego, de latín y de otras materias definitivamente inofensivas, publiqué dos libros de versos. Uno de ellos, *De mi villorrio,* se lo envié a Vd., pidiéndole que lo leyese y no fuese a echarlo al cesto. Vd., en una noble carta que conservo, me dijo que no sólo lo había leído, sin tirarlo al cesto, sino que se lo había leído en voz alta a un ciego, compañero suyo de paseo. También en esa su carta me dió Vd. algunos buenos consejos literarios. Si no los he aprovechado, tratando de seguirlos, la culpa no es mía. Y no siendo mía, tendré —como buen biznieto de España— que decirle a Vd., "¡La culpa es del gobernador!..."

De mi otro libro, *Posturas difíciles,* se ocupó Vd. al hablar de una obra de Benigno Varela, diciéndole a este señor, entre otras cosas, que yo, Luis Carlos López, no era un sinsonte. —Quizás el señor Varela no sabe lo que es un sinsonte. Aquí en Colombia, por ejemplo, los tigres trinan como sinsontes. Tal vez en otro país sucede lo contrario. Y esto es lo que ignora el señor Varela. "Perdónalo, Señor."

Hoy voy a publicar, mi querido maestro, otro libro de mis versos en la Casa Editorial-América de Madrid. Antes de enviar los originales, que me pide Rufino Blanco Fombona, prefiero esperar un poco, pues deseo que lea Vd. algunos de mis versos, y deseo —y ya esto es mucho desear— que Vd. me dé su opinión acerca de ellos, sólo cuatro palabras suyas que yo publicaría con honor al frente de mi libro. No le pido un juicio favorable. No. El discípulo es en algo digno del maestro. Prefiere que le canten la palinodia y que no le toquen ese instrumento hueco, propio de las razas en tono menor, que llaman bombo.

Ahí le van, pues, unas cuantas composiciones mías cogidas al azar. Léalas. Si no le parecen aceptables, ojalá haga con ellas lo que, benévolamente, no quiso Vd. hacer con mi primer libro, echarlas al cesto. Y si, por el contrario, mis versos le proporcionan un cuarto de hora de agradable atención intelectual, me consideraré del todo más que honrado y satisfecho, pues esto le basta y le sobra al último de los miles de colombianos que tanto le admiran y le quieren a Vd.

Luis C. López

Salamanca, el 7 de Enero de 1921

Señor don Luis Carlos López:

No recuerdo mi buen amigo que Vd. me haya pedido prólogo alguno para un libro suyo de versos. De haber venido tal petición de Vd. aunque empiezo a diferir mucho a la contestación de cartas no sólo le habría contestado al punto sino que le habría mandado el prólogo. Pero no es tarde y con lo de *El Espectador* del veintidós de Mayo se lo haré, y me servirá de alivio pues lo que está pasando en este desdichado Reino de España no tiene nombre ni llegará a ese [sic] sombra de la verdad. Domina aquí, por encima del Gobierno y del rey (¡un pelele!) una camarilla, que inspira la Habsburgo-Lorena [sic], una empresa de Maese Pedro y Cía., que ha sustituido a la Constitución por la Inquisición. El Fiscal del Supremo, un viejo de sesera petrificada que limpia los orinales de la archiduquesa, habla en circulares, de que los fiscales son los vengadores de la Justicia. Se encarcela sin motivos, se da tormento, se denuncia el escribir que la Biblia es un tejido de absurdos y los ministros de este Pobre Reino en el extranjero están encargados de impedir que la verdad se abra paso y de difundir el embuste. Mientras España se está incivilizando, se pretende meter mano en Tánger y nuestro Alfonso de Borbón y Hasburgo-Lorena [sic] habla de ir a esa América a reconquistarla espiritualmente y con las suelas manchadas de sangre y de fango. ¿Y el pueblo? me preguntará Vd. Pues los que se sienten hombres emigran de un modo o de otro y aunque se queden aquí, desterrados en su propio solar —y los demás... capones, ladrones, y pordioseros que dejan campo libre a los accionistas del patriotismo.

Lo que aquí ocurre no lo sospechan Vds. Es peor que el envilecimiento; es la estupidización. Lo peor del despotismo que es hoy el régimen del Reino de España —lo dijo muy bien la *Saturday Review,* revista conservadora— es que es un despotismo anti-ilustrado. El tener inteligencia es hoy aquí un delito. Y no se ve remedio.

Le haré el prólogo, un prólogo malhumorista, que irá henchido de veneno. Lo tiene todo lleno de mierda y está envenenada, que ni para abono sirve. Compadezcamos.

Ahora, eso sí, yo ni me callo ni me callaré. Dejo a los accionistas del patriotismo, y a sus obligacionistas, el gritar, "Chitón." Como yo un obrero de él, uno que lo hace trabajando y no lo explota, gritaré la verdad.

Desde esta Salamanca, donde me tiene como presa la canalla, le saluda, amigo siempre.

MIGUEL DE UNAMUNO

Cartagena de Indias, Agosto 26 de 1921

Don
Miguel de Unamuno
Salamanca

Mi querido maestro:

Todo lo que Vd. me dice en su carta del 1 de Julio próximo pasado —que con mucho placer le contesto— no crea que se ignora en Colombia. En este país se lee mucho, tal vez, relativamente, más que en España. Aquí —modestia aparte— creo que estamos al tanto del movimiento intelectual y político de Europa. Basta decirle —y yo no sé tocar el bombo— que en esta tierra hasta el último empleadillo de un tenderete de abarrotes, SABE MUY BIEN QUIEN ES don Miguel de Unamuno, porque ha leído, por lo menos, un artículo suyo, o una de sus obras. De aquí la gran bronca que armamos cuando supimos que Vd. había sido condenado a presidio... por un artículo de periódico. Era cosa de reír, porque aquí, donde la prensa goza de libertad absoluta, se le sueltan cuatro frescas al más pintado, ya sea al Presidente de la República, al Ministro Fulanez, o al zapatero remendón de la esquina, y nadie va a la cárcel. ¡Ay, del Prefecto beocio y del tinterillo de barrio bajo que "se meta" con un periodista, y —lo que es más risueño— con un politicastro de la oposición! ... Sin embargo, como este es el país de las paradojas, le confesaré a Vd. que nuestra instrucción pública anda manga por hombro. Los que actualmente tienen la sartén por el mango —cuatro carlistas del trópico, que gastan ese taparrabo invertido que llaman "frac"— no abandonan ni a tiros los viejos cauces neumotécnicos. La teja del presbítero priva sobre la chistera, el panamá y hasta sobre el gorro frigio, que ya no sirve ni para una encefalitis... Pero nos vamos sacudiendo. Al fin conseguiremos separar el Estado de la Iglesia, y darle [sic] un puntapié a los curitas sucios. Y por fortuna, o por desgracia —¡yo no lo sé!— ya los curitas se van quitando el cutre, dándose jabón junto al brocal del pozo, y Vd. bien sabe, mi querido maestro, lo que dijo Mark Twain, "Desde que se inventó el jabón se acabó el cristianismo."

Pues bien, como le he dicho, aquí estamos al tanto de todo lo que sucede en España. Casualmente acabo de leer un *Discurso* de Alfonso XIII, el campeón del tiro de pichón. Este buen muchacho es capaz de ordeñar a una polilla. Dice que viene a la América, porque quiere tender un puente espiritual entre la Madre España y estos andurriales... ¡Qué risa! Siquiera Pío Baroja fue más pintoresco. Dijo que esto era un continente estúpido...

Por otra parte, le doy a Vd. las más expresivas gracias por el prólogo que me ofrece para mi librejo de versos. Y como no quiero abusar de su bondad, pues esta carta va siendo demasiado extensa, voy a terminarla; pero antes, contando con su benevolencia, me voy a tomar la libertad de darle algunos datos descarna [sic] "acerca de mi humilde personalidad," escritos a zancos de avestruz, ya que Vd. no me conoce y yo, en cambio, le conozco a Vd., o sospecho conocerle. Oiga, mi querido don Miguel. Yo nací en este rancio solar de Cartagena de Indias. Esto —que indudablemente fue todo un acontecimiento— sucedió hace 36 años. Soy, por el costado que Vd. me coja, de origen vasco. Mi apellido materno es "de Escauriza [sic]," y no corre por mis venas ni una gota de sangre de indio ni de negro cimarrón. Dicen por ahí que soy un original. No voy a los bailes, no frecuento las cantinas, jamás he ido a la Misa del Gallo, y, por contera, aseguran que soy civilizado, exótico, descreído, católico, protestante y musulmán. Carezco de dinero. Y, además, manejo un talento penetrante y extraño, que diría Vargas Villa, y todavía, desgraiademente [sic], no he asesinado a ningún Académico...

¡Adiós, mi querido maestro! Consérvese bien y crea siempre en la admiración y el afecto de su último descípulo [sic].

LUIS C. LÓPEZ

Cartagena, Agosto 17 de 1925

Sr. Don
Miguel de Unamuno
París

Mi siempre recordado maestro:

Todavía estoy leyéndole a un ciego —yo también tengo mi ciego, don Miguel— su famoso libro de versos, *De Fuerteventura a París,* que Vd. tuvo la bondad de enviarme. ¡Pobre el primo de Rivera! ¡Cómo le ha tomado Vd. el pelo a ese teatral fantoche del tinglado del Alfonso XIII y Cía!...

Aquí en este diario, donde le escribo, he publicado casi todos los sonetos de su libro, con el benéfico fin de hacer rabiar a una media docena de clérigos monárquicamente sucios, que ignoran lo que dijo Mark Twain, "Desde que se inventó el jabón se acabó el cristianismo."

Acabo de recibir una carta de mi amigo L. Borda Roldán, comisionado por los Srs. Ventura García Calderón y Zerega Fombona para pedirme un libro de mis consonantes, que dichos señores desean tomificar en su casa editora. Tengo preparado el libro. Se llama "Deja que digan..." Me hace falta un prólogo, que se intitule "Palabra y media," y ese prólogo me lo escribe Vd. Así, como quien no quiere la cosa: Vd. porque de otro modo tendría que exclamar con aquel poeta chirle de Cuba, que de seguro es Pichardo:

"Me has negado tu buena compañía,
y me voy a matar, paloma mía."

De mis cuatro librejos ya agotados, he hecho una escrupulosa selección de mis "renglones cortos," añadiendo un sin número de composiciones inéditas, para formar un volumen de 300 a 400 páginas, que será impreso a todo lujo, según espontánea oferta de los editores. ¿Ya ve Vd., maestro? Le he retorcido el pescuezo al pollo y... póngamele Vd. la salsa, don Miguel. ¡Ah, se me olvidaba! (Y este es un dato trascendental.) Oigame. Como el prólogo es ya un asunto "definitivamente definido," no deje Vd. de decir, entre otras cosas de calibre 44, que yo, aunque colombiano, soy de origen vasco por los cuatro costados... ¿No está viendo? ¡Si le doy hasta el tema! ¿Si con esa simple premisa tiene Vd. más que de sobra para escribir una enciclopedia... contra Pío Baroja!

>Tendrá cada varón dentro de poco
>montada en la nariz su enciclopedia.   (Breton)

¡Adiós, maestro! Le abrazo con la admiración y el cariño de siempre.

LUIS C. LÓPEZ

Munich, Octubre 28, 1928

Don Miguel de Unamuno,

Hendaya

Mi querido maestro:

Aquí me tiene Vd. de cónsul de mis [sic] país en esta histórica y artística ciudad de Munich, última barricada del catolicismo germánico. No crea Vd. que lo he tenido olvidado. Nada de eso. Le he seguido a toda hora leyéndole.

Hoy le escribo, aprovechando el paréntesis de un día de fiesta, para que me diga algo de España, si acaso sus labores o sus preocupaciones le dejan tiempo para dedicarme diez minutos. Sólo sé de su tierra, del movimiento político de su tierra, o, mejor dicho, de nuestra tierra, por las pálidas noticias que trasmite la United Press, porque aunque yo leo muchos diarios españoles, que están bajo la censura de Primo y Cía., —títeres sin cabeza— no vislumbro la esperanza de que cambie radicalmente el actual estado de cosas. Y ahora que hablo de periódicos españoles, le diré a Vd. que actualmente en España está escribiéndose muy mal y, lo que es inconcebible, allá se nos desconoce hasta geográficamente. Vea

Vd. esta noticia cablegráfica que dio hace poco, a grandes títulos, el *Heraldo* de Madrid, que yo guardé como una curiosidad humorística y que ahí le copio para que se sonría:

> GRANDES DESÓRDENES EN COLOMBIA. EL GOBIERNO PROHIBE LAS CORRIDAS DE TOROS. EL PUEBLO SE SUBLEVA.
>
> La Paz, Agosto 8.—El Gobierno está tomando medidas enérgicas contra la sublevación popular debido a que suprimió por completo las corridas de toros en ese país.

¿Eh?... ¿Qué opina, maestro?... Cuando nosotros creíamos que La Paz era la capital de Bolivia, resulta que todo eso era una abominable filfa histórica, ya que la Paz no es sino una ciudad colombiana. "Bendito y alabado sea el Satismo [sic] Sacramento del Altar..."

Pero tal vez estoy quitándole a Vd. tiempo con estas tonterías. Solamente quería escribirle cuatro letras para enviarle un cordial saludo y ponerme aquí a sus gratas órdenes, mas se me fue... la máquina Remington. A principios de diciembre le enviaré un librejo mío, que están editando en Colombia. Hoy le mando unos recortes.

Lo saludo con el cariño de siempre, enviándole un afectuoso abrazo.

Luis C. López

Mi dirección:
Luis Carlos López
Cónsul de Colombia
Giselestrasse, 28/2
Munich

Correspondence with Rubén Darío

Cartagena, Diciembre 7 de 1911

Rubén Darío
París

Mi querido maestro:

Ahí le van unos versos para *Mundial*. Las ilustraciones son de un muchacho que se llama Raúl Gómez Reynero. Y este muchacho tiene por Vd. especial fetichismo. Vd. es su ídolo árabe.

Si mis versos no sirven para el público de *Mundial,* quiero decir que no mandaré más versos. Pensaré que *Mundial* es una revista que ya va penetrando en el sagrado recinto de las personas honorables, a la hora de la dulce confianza del café con leche.

Tal vez, dentro de seis meses, si la cosecha no trae langostas, realizaré la doble ilusión de ir a París y de Conocer [sic] a Vd. personalmente, matando de esta manera dos ilusiones.

Que la siringa agreste y los bulbules le libren de las retretas municipales. Son estos los votos que hace por Vd. su adicto admirador.

Luis C. López

súplica: En caso de que resuelva no publicar nada, devuélvanos los muñecos: se lo sabríamos agradecer.

R. Gómez Reynero

París, 20 de Enero de 1912

Señor don Luis C. López
Cartagena

Estimado señor:

Mundial Magazine es una revista seria, honrada y burguesa, por lo que no puede aceptar la colaboración de Vd.

Ojalá que la langosta, a que usted se refiere, no le coma el algodón, y pueda usted venir este año a París.

¡Traiga mucho dinero! Por mi parte, trataré de que su presencia me sea menos desagradable de lo que podría suponerse.

Soy muy atento S.S.

Rubén Darío

Cartagena, Abril 17 de 1912

Rubén Darío
París

Mi querido maestro:

No hemos entendido. "Es triste." Y lo siento. Porque ahora usted se arrepiente de haberme escrito en "mi idioma." Y yo, que

aún no comprendo cual es "su idioma," también hago acto de contricción [sic], "Per-dó-na-me, Per-dó-na-le, Per-dó-na-nos." (Unamuno)
Verdad que usted y yo tenemos razón de sobra para estar algo resentidos. Pero la culpa no es de usted. Tampoco es mía. La culpa toda es del Sultán Mahmoud, que ha debido, previendo nuestra ignorancia lingüística, enseñarnos a interpretar el idioma de los pájaros... (WE ARE TOLD THAT THE SULTAN MAHMOUD...)

Le tiende la mano.

Luis C. López

Correspondence with Alberto Hidalgo

4 de junio de 1918

Al Señor Don
Luis C. López
Cartagena

Mi querido e ilustre amigo:

Estaba esperando su libro, *De mi villorrio,* que me ofreció mandarme en un correo próximo, y es por esta razón que no le escrito [sic] antes de ahora. No ha venido aún, y he aquí que me apresuro a contestar su carta de abril.

López-Penha tuvo la bondad de enviarme *Varios a varios,* escrito en colaboración con usted y con Cervera, el cual libro me ha dado nueva ocasión para admirar su alto espíritu humorista, humorista no en el sentido chapetón de la palabra sino, mas bien, en la acepción que le dan los ingleses.

Ignoro si ya se ha publicado su novela "Los indefensos" que anunció usted. Espero que si es así tenga la bondad de enviármela lo más pronto que le sea posible, así como *De mi villorrio;* pero muy especialmente este último, que es el que me parece más necesario para el juicio que voy a escribir sobre usted. Quiero hacer una cosa que valga la pena, siquiera unas treinta páginas de estudio sobre cada uno, y para esto, como es fácil comprender, necesito estar bien documentado.

Ahora estoy escribiendo un juicio sobre esa mujer maravillosa que se llama Gabriela Mistral, que ha tenido la bondad de enviarme desde el polo donde vive (Punta Arenas) casi todos sus versos. Luego que lo haya terminado se lo mandaré para que vea cuál es la orientación de mi crítica, que me permito calificar de completamente adaptable al espíritu moderno. Esperando sus muy gratas órdenes, soy pues de usted leal amigo y fiel admirador.

Alberto Hidalgo

Arequipa, julio 15, 1922

Sr. Don
Luis C. López
Cartagena

Mi viejo amigo:

Recibí hace unos días su libro último y no sólo lo he leído, sino que se lo he presentado a mi amigo, González Martínez * * * * Ahora, no quiero decirle todo sobre él. De repente le sorprenderé con un juicio sobre toda su obra. Acabo pronto.

Quiero, sí, darle un * * * por haber encabezado su libro con un estúpido prólogo del muy analfabeto Bobadilla. ¡Cómo comienza con un chiste! * * * * Esa grafomanía no puede entenderle a Vd. Vd., yo lo diré y probaré, no es sólo un poeta de buen humor, caricaturesco y mordaz. Vd. es, por encima de todo, algo más trascendental, más único, más noble. Bartrina está debajo de usted. * * * *

A. Hidalgo

Correspondence with Emilio Bobadilla

Biarritz, Abril 15 de 1920

Sr. Luis Carlos López
Cartagena

Gracioso poeta:

Acabo de recibir por conducto del *El Imparcial* — recibido y leído — su tomo de versos. No me acuerdo de Vd. por más que hago. ¿Cuánto tiempo hace que estuve allí? Un siglo. Me acuerdo de Colombia con cariño y he hablado de ella en periódicos y revistas de Madrid y Habana repetidas veces. Le haré con gusto el prólogo que me pide. Ya le conocía a Vd. como humorista. Me recuerda Vd. de Bartrina, el catalán.

Por Vd. sé que Soto Borda murió. Tenía ingenio y era muy simpático. Toda aquella bohemia deja en mí un recuerdo indeleble.

¿Por qué no se llama otra cosa? ¡López! ¿No tiene Vd. apellido materno? López se llama cualquiera.

Pronto le mandaré mi nuevo libro, *Rojeces de Marte,* poesías de la guerra. No publico mis libros por que los editores no tienen papel... ni vergüenza. ¡Piden verdaderas exorbitancias!

De Colombia vivo incomunicado. Nada sé. ¿Se publica todavía *La Estrella* de Panamá? ¿Qué periódicos se imprimen ahora en Bogotá? ¿Qué es de Guillermo Valencia? Deme noticias de allí. Me interesan.

Le remitiré el prólogo a Cartagena.

Aproveche la ocasión de ofrecerle su amistad.

Emilio Bobadilla

Biarritz, el 16 de Junio, 1920

Sr. Luis Carlos López
Cartagena de Indias

Mi simpático y divertido amigo:

Contesto a su carta del 12 de mayo que acabo de recibir. Me da Vd. noticias interesantes. De Valencia algo sabía por una revista de Colombia en que le pintan como Vd. dice. Lástima, porque vale. Flórez nunca me "llena." Es muy verboso y hueco. Hace bien entrar en el mar bicarbonato; tal vez le desaloje el viento que tiene en la "chirimoya."

Ignoraba que hubiese en Bogotá tanto periódico. Allí se lee mucho más que en España relativamente.

Lo que me dice Vd. de "mi popularidad" allí y de lo poco que circulan mis obras ya me lo habían dicho de Buenos Aires, del Ecuador y Cuba. Amigo, yo no puedo luchar con los "envidiosos" y los despechados. ¡Son legión! Me hace una guerra "terrible." Como yo no vivo en España, se aprovechan para intrigas que redundan en mi daño. ¿Por qué no pide Vd. —ya que tiene casa de comercio— mis obras? Diríjase a Renacimiento, San Marcos 42, Madrid. El otro editor es Pueyo, Arenal 6.

Supongo que ya tendrá en su poder mi prologuejo. Pronto saldrá *Rumbolia o el auto de fé,* novela por al estilo de *A fuego lento,* cuya acción pasa en Cuba. Si el papel no estuviese tan caro ya hubieran salido muchos libros míos que esperan, como la lira de Bécquer, una mano... que les eche fuera.

Me agradaría colaborar en un buen diario de Colombia que pagase y fuese serio. No podría remitirles más de tres crónicas por mes a razón de 15 dólares o su equivalente en francos por cada una. Si sabe de alguno, dígamelo. Me sería grato reanudar mis relaciones con aquel país del que guardo tan persistentes y simpáticos recuerdos. Hay allí mucho carca; pero también gente liberal y muy culta. Yo no he variado. Soy republicano e iconoclasta. ¡Abajo lo viejo y lo idiota!

Le agradezco que me envíe periódicos y libros de allí. Estoy a oscuras. ¿Qué se hizo Londono? ¿Qué de Emilio Cuervo Márquez? ¿Qué de Evaristo Rivas? ¿Qué de Juan Uribe, el poeta de las Margaritas? ¿Qué del tuerto Vega? ¡Nada sé, nada!

Financieramente ha mejorado mucho Colombia. Como sigue sin ferrocarriles, sin carretas según me dice Vd.? Le pregunté yo una vez a un indio del Magdalena por qué tenía tantos hijos y me contestó: "El toldo, Sr., el toldo tiene la culpa..." ¿Será también la causa de que Colombia no adelante? Mientras los curas manden allí y la educación no salga de sus viejos cauces neumotécnicos, no hay que esperar cambio alguno progresivo. Allí hay la remora del indio como en Venezuela la del mestizo. En Cuba también se advierte —aun que en menor escala— lo mismo. Siempre seremos unos cafres iluminados con luz eléctrica.

No me olvide y créame su amigo.

Emilio Bobadilla

Correspondence with Amado Nervo

Viena, Agosto 20 de 1912

Al Poeta
Luis C. López
Cartagena de Indias
Colombia, S.A.

Mui señor mío:

Acabo de recibir su muy original tomo *Posturas difíciles*. Me he deleitado con la más fina pasión espiritual. Tiene verdaderamente Vd. genio. Pronto haré reproducir en *Magazini* varias de sus composiciones.

Colombia tierra de Rafael Nuñez, Isaac, Valencia, Silva tiene ya con Vd. completa su obra literaria. Mi enhorabuena.

De mi viaje por la Alemania Imperial me encuentro en esta ciudad de Viena "la tree [sic] belle" del mundo y le envío mi saludo y mi voz de aliento para su obra raramente poética.

De Vd. atento y seguro servidor.

AMADO NERVO

Correspondence with Carlos E. Restrepo

Cartagena, Junio 10 de 1913

Dr. Carlos E. Restrepo
Bogotá

Muy estimado amigo:

Hasta última hora, por carta y telegramas de los compañeros de provincia, teníamos todos sus amigos la absoluta seguridad de que yo era, entre otros inocentes, quien iría al Congreso a responder por la política civilizadora de Vd. Pero en el escrutinio de hace unos días, efectuado republicanamente entre cincuenta bayonetas y a los 39° a la sombra, naturalmente tenía que ser yo, en esa jarana tropical, el hombre que toca el tamborete de cuero de chivo... Porque después de seis meses de lucha, leyendo, como buen político, al decir de Faguet, muchos y muy malos periódicos; buscando estériles malquerencias y gastando algunas platas, me he quedado al fin y a la postre sin pareja en el baile...

Y todo esto viendo las cosas, como yo las veo, al través de una calabaza, es muy de sentir, puesto que deseaba, antes que después, conocer a Vd. personalmente. Y después deseaba ayudarle en el alto ideal que entraña su prematuro programa político.

Inútil sería contarle, así por encima, el sin número de fraudes y de intrigas de mala ley, como de 500 milésimos, de que se ha valido una fracción prehistórica, que Vd. se sabe, para que en este país, donde ya hay automóviles, torne el tiempo delicioso del traqueteo de las diligencias, cuando el mayoral hacía restallar el látigo y animaba a voz en cuello a la híbrida pareja de matalotes: —"¡Arriba, Davilucho! ¡Cuidado, Marco Fidel!"

Y entonces, cuando esto suceda... Pero antes sucederá —y Vd. excuse mi buen humor hepático— lo que me decía en una cantina cierta noche una francesa, mientras un grupo de amigos míos, de multiforme filiación política, trataban de arreglar indistintamente y de una manera fácil, como quien abre un paraguas sin varillaje, el porvenir luminoso de Colombia... Y la francesa, observando aquel enredo de mis amigos, me decía estupefacta, "¡Aquí va a ve vala!"

Mas dejando esto que a ojos no bizcos parecerá una broma, terminaré participándole que en el fondo Vd. me ha hecho un gran bien con su política: tengo planeado algo así como un libro nacional, intitulado "El arca triclave," que irá afectuosamente dedicado a Vd. con aquellas o parecidas palabras con que podría exornar una de sus obras Luis Anton del Olmet: "A S. E. Carlos E. Restrepo, espíritu altruista, corazón infantil, que pudo haberme hecho político, dedico estas páginas, etc., etc., etc."

Y de hoy en adelante, cuando me hablen de algo relacionado con el republicanismo, me limitaré a parodiar a César Moncada, aquel protagonista de una novela de Pío Baroja, a quien le preguntaban:

¿Y Vd., don César, no piensa
volver a la política?

Y él respondía sonriendo:

No, no; ¿para qué? Ya no soy
nada, nada.

Admirador y amigo

Luis C. López

Bogotá, 24 de Junio de 1913

Señor
Don Luis C. López
Cartagena

Muy apreciado amigo:

He recibido su simpática carta de 10 de este mes. Casi le digo que me atrevo a alegrarme de la derrota electoral que ha sufrido Vd., pues ella proporcionará al país su "arca triclave," de la cual habrán de salir cosas muy bellas cuando Vd. resuelva a dar las tres vueltas de las tres herraduras de * * * Además de la contienda — y como premio de sus lecturas detestables, malquerencias y plata — obtendrá muy nutridos conocimientos sobre la psicología del país, para ensnchar [sic] sus admirables "posturas difíciles."

Y estas de los políticos sí que son difíciles y pasmosas; ya usted va conociéndolo. ¡Y las que se harán en el próximo tablado presidencial!

Desde luego le anticipo mis agradecimientos por la dedicatoria del Arca; se la aceptaría aunque fuese la de Noé, con animales y todo; y se la acepto con lo de "corazón infantil." Nos han hecho tanto daño los gobernantes de corazón varonil, que aquello puede quedar a honra mía.

Le acompaño un artículo publicado en *La Prensa* de Lima sobre mi circular de 14 de Abril último; verá usted que allí la palabra infantil se lee muchas veces entre renglones; pero añado que el anexo número 40 de que se habla al margen, advierte que el artículo fue escrito para cohonestar ciertas intervenciones indebidas del Gobierno peruano, en asuntos electorales, de esas que han sido siempre entre nosotros causa de guerras civiles.

Mesoneros Romano [sic] escribió para sí mismo un epitafio, que decía: "Aquí yace un hombre que no fue nada, absolutamente nada, ni siquiera jefe político." Muy semejante a la sentencia del otro coterráneo Pío Baroja.

Pero ni una ni otra sentencia podrá aplicarse a usted; hasta jefe político llegará a ser, si tiene constancia "y dejan los godos" como decía el general Acosta.

Hablando con toda seriedad, agregaré a usted que si la civilización de Colombia no la labran los jóvenes, esa civilización no vendrá nunca. Mire Vd. la vida oscura y de diarios retrocesos a que se han consagrado los ancianos, con sus partidos decrépitos y sus ideas más que coloniales.

No hay que perder la fe por fracasos que son momentáneos; la victoria definitiva será nuestra y de Colombia. De usted amigo afectísimo.

C. E. RESTREPO

Cartagena, Noviembre 19 de 1913

Dr. Carlos E. Restrepo
Bogotá

Mi estimado amigo:

He visto por el telegrama que el Sr. Ministro de Relaciones Exteriores le ha pasado al Gral. don Luis María Terán, que Vd. y el Dr. Urrutia abrigan los mejores deseos de que yo vaya a ocupar un puesto en el Exterior.

Es algo difícil, y más que difícil para mi modo de ser, ponerme, como hoy me ha puesto el Gral. Terán en la disyuntiva de dirigirme de nuevo a Vd., aun sabiendo lo tanto que Vd. me estima y quiere.

Es verdad que deseo ir a Europa. Aparte de mis aspiraciones literarias, de tomificar algunos originales que tengo inéditos, creo que puedo representar y defender dignamente en cualquier parte a mi País. Y no es modestia. La modestia en ciertos hombres, como Vd. sabe, es la contera del talento mal invertido. (Aplausos de Vargas Vila [sic].)

Bien pudo Mistral, cuando le llamaron de Diputado a París, exclamar con el rancio orgullo de los provenzales:

¡Dejadme a la sombra de mi haya!

Pero para mí, que aún no tengo una haya y vivo entre congoloidas resultaría una ridiculez irle a decir a Vd.:

¡Dejadme a la sombra de un cocotero!

Por estas y otras razones, que a mí me parecen muy poderosas, me he atrevido a escribirle. Si Vd., por ejemplo, me cree apto intelectualmente para ir en su nombre a Madrid o a Roma de Secretario de una Legación, mándeme un nombramiento. Si no, no... Y habrá entonces que volver a musitar con la insípida mansedumbre de aquel fraile conciliador. "Todo sea por Dios, señor Sidges."

Y excúseme Vd. — se lo pido como un gran favor — la brusquedad insólita de esta carta: nuestro léxico, tan pobre y, por lo mismo, tan deficiente para insinuar ideas entre renglones, nos hace a veces concretar muchas cosas a golpes de hacha, aun manejando el idioma con una pluma No. 303.

Siempre su admirador y adicto amigo

LUIS C. LÓPEZ

Cartagena, Enero 24 de 1914

Dr. Carlos E. Restrepo
Bogotá

Mi estimado amigo:

Hace ya algunos días recibí un telegrama del Dr. Restrepo Plata, ofreciéndome el puesto de Fiel de Balanza de esta Aduana, con $84,00 de sueldo mensual... Le contesté, sin darle a comprender mi extrañeza, que aceptaba el puesto para mi hermano menor Raúl López, pues para mi era inadecuado. Probablemente el Sr. Ministro de Hacienda, al recibir de Vd. una recomendación especial para mi, se equivocó... Y, como aquel fraile conciliador, tuve que volver a musitar: "Todo sea por Dios."

Hoy he sabido que el Sr. Rafael Niebles, Inspector de la Canalización del Madgalena, no continuará en su puesto por estas u otras razones que ignoro. Y como, si Vd. lo recuerda, este fue el puesto que yo le solicité en una ocasión, para estar al lado de mis hermanos establecidos en Barranquilla, le pido que me recomiende al Sr. Ministro de Hacienda para obtener dicho puesto. Recuerde Vd. mi carta sobre el particular que le escribí hace tiempo, y verá que soy competente para desempeñar la Jefatura de la Canalización. Le suplico que pida, como es muy natural, todas las referencias que quiera de mi persona, y excúseme Vd. por última vez todas las molestias que le ha proporcionado.

Su siempre adicto admirador y amigo.

LUIS C. LÓPEZ

Correspondence with Gregorio Pueyo

Madrid, 21 de Agosto de 1909

Sr.
Don Luis C. López
Cartagena

Muy Señor mío:

Por este correo le remito 7 paquetes a 13 ejemplares del tomo *Posturas difíciles*.

No salió todo lo bien que yo deseaba pero no ha sido culpa mía.

En la imprenta donde se ha hecho, el personal antiguo se declaró en huelga y el moderno deja bastante que desear.

Se ha procurado que no fuera ninguna errata. Ignoro si escapó alguna. Si alguna cosa se puso mal, cúlpeme a mí. ¡Es tan difícil penetrar el espíritu e ideas de cada autor!

Celebraré que halle el tomo de su gusto y que haga una buena propaganda.

Ya avisará si desea más ejemplares.

Aún cuando Vd. me dice en su carta del 2 de Agosto que no se le envíen más libros, estimo conveniente remitir 2 ejemplares de cada [sic], si hay algo que merezca. Si Vd. no puede colocarlos ya se verá si alguna otra casa de ésa quiere trabajar mis libros siempre que *** interés y sea de confianza.

Como yo no tengo ahí a nadie y deseo que lleguen obras de mi casa siquiera porque las conozcan por esto la molestia que le doy. Que no se venden, paciencia. Vd. no mande si no lo que buenamente recaude.

Sabe me tiene a sus órdenes en cuanto pueda servirle y le estoy especialmente reconocido por el interés que tome por propagar mis libros.

Suyo att. S. S.

Gregorio Pueyo

Madrid, 12 de Octubre de 1909

Sr.

Don Luis C. López

Cartagena

Muy señor mío:

Por mis muchas ocupaciones no he podido contestar a todas sus cartas.

Del libro *De mi villorrio* pida los ejemplares que quiera y se los mandaré. Yo hasta esta fecha he colocado muy pocos. No se preocupe por los libros que no pueda vender. Con sólo que me mande lista de ellos se le rebajará de la cuenta su valor.

Mi deseo es que en ésa se vean sus libros. Estoy preparando nuevo catálogo y quisiera hacer una buena propaganda. * * *

Si usted me propone dejar los libros, le agradeceré que me recomiende alguna casa de ésa que pueda trabajarlos.

Como conviene que en la prensa hagan algunos sueltos, yo puedo servirles de ejemplares para que vayan a mano de personas que quieran ocuparse de ellos.

Si Vd. me facilita nota de periodistas que hagan notas bibliográficas, se les servirá directamente, y si prefiere se los envíe a Vd. y que los recojan en su casa diga que Vd. los ejemplares considera necesarios.

Esperaba reunir algunos periódicos que se ocupen de su libro para enviárselos. Hasta la fecha sólo he recibido los que le envío en paquete aparte — con los suyos le incluyo *Viaje sentimental, De tierra cálida, Fiesta de la sangre, Venus rebelde* y *Hacia la* * * *.

Si puede ponerse algún suelto de cualquiera de ellos agradeceré el envío de los ejemplares del periódico que lo publique.

De Vd. atento S. S.

GREGORIO PUEYO

Madrid, 16 de Agosto de 1912

Señor
Don Luis C. López
Cartagena

Muy señor mío:

Contesto a su carta del 7 de mayo y le incluyo factura de mi remesa del 1 de Enero que dice no haber recibido.

Contestaré punto por punto a todos los extremos de la suya.

Dice usted que en diversas ocasiones me ha escrito suplicándome que no le remitiese libros para venta. Esto prueba que la mayoría de los libros se venden poco y de ello deducirá que los tomos *De mi villorrio, Posturas difíciles, Varios a varios,* y *Libro de las incoherencias* se aposentaron en los estantes y no hay modo de moverlos. A excepción de los enviados de muestra y de los servidos a la prensa, para recabar algunos sueltos, puede usted creer que están casi todos. De los de usted han pedido algunos de la Argentina, muy pocos, y no sé si de alguna otra República.

Siento, lo que usted no puede figurarse, que encima de haber empleado dinero en confeccionar tres tomos, y del cual me reintegré en una pequeña parte; que por el deseo de usted y el mío de hacer algo de mercado en Colombia he remitido cerca de 2.000 pesetas de mercancía que es probable suba de franqueo más de 500 pesetas y que ahora usted y yo quedamos disgustados.

Los negocios son así y hay que tener paciencia.

Claro es, que si tanto usted como sus hermanos hubieran vendido los géneros y me hubieran reintegrado en metálico, para mí no hubiera sido tanta la quiebra, pero ni esto puede ser, ni yo lo pretendo tampoco.

Lo que suplicaba a usted en mi carta, 30 de Marzo, que me enviara algunos fondos suponiendo que algo se había vendido y que usted podría hacerlo. Yo no ando sobrado, pero puede creer que jamás entró en mis cálculos sacrificar a nadie.

Cuanto a pasarle cuenta de la venta de sus libros la cosa, como le digo, no merece la pena, dado que yo he gastado hasta la fecha por unos y otros conceptos más que lo que ingresé. Sin embargo reconosco [sic] que usted es dueño del libro *De mi villorrio,* y de él puede disponer lo que guste. Si quiere ejemplares pídalos, que yo nunca me negué a mandarlos y si se han vendido algunos también se lo abonarán.

Cuanto a *Posturas difíciles* y *Libro de las incoherencias*, ésos no fueron costeados por usted, sino por mí. Para el de "las incoherencias" mandaron 200 y se me exigió enviar al autor 300 ejemplares, lo cual se hizo. Por cierto que yo pagué el porte y eso debiera ser cuenta del autor.

Estas cosas de la literatura tienen su pro y su contra. Hay autor que nunca se vende. Otros se venden cuando menos se espera, y los hay, que una vez muertos los reputan genios y entonces se venden de un modo prodigioso.

Es el eterno calvario y no hay modo de sustraerse a él. Como no es cosa de estar dando siempre vueltas sobre lo mismo, con ésta le escribo al Sr. Caro Grau de Bogotá para que vea si él puede hacerse cargo de las mercancías, bien pasándolas a otros libreros de Barranquilla y Cartagena.

Referente a nuevos originales suplico a usted no me mande ninguno. No vendiéndose los libros hay que desistir de hacerlos.

Suyo affm. sss. g. b. i...

GREGORIO PUEYO

MISCELLANEOUS CORRESPONDENCE

Panamá, Septiembre 25 de 1917

Señor

Don Luis C. López

Cartagena

Muy señor mío:

Vd. ignora quién soy y se extrañará sobremanera al recibir esta carta de una persona desconocida ¿no es verdad? Sírvame excusarme. Sus libros han servido de intermediarios. Pero no; sus libros, porque no los tengo y los conozco sólo de nombre, no juegan papel importante en este asunto. Son sus versos. Esas estrofas sonorosas, preñadas de imágenes soberbiamente encantadoras, con música propia y que han recorrido el mundo literario cosechando aplausos, cargan el peso de la culpa. Y es que, como he leído tan pocas composiciones suyas, el sabor agridulce que me han dejado en los labios, me incita a buscarlas y como no las encuentro aquí, recurro a Vd., padre bonachón, para que me las consiga. ¿Verdad que no tocaré a su puerta en vano? En *La Lectura*, revista de altas letras que se edita en Madrid, y en varios libros de autores hispanoamericanos, he podido ver la admiración que causan sus estrofas. Básteme recordar a Alejandro Sux, autor de *Cantos de rebelión* y *Bohemia revolucionaria*:

> Luis C. López es quizás uno de los pocos innovadores entre los poetas nuevos de América. Los temas son muy suyos; el léxico expresivo, brutal a veces, pero siempre de una realidad deslumbradora, es rico, flexible, sonoro... es un paisajista admirable, es un psicólogo sutil y es un ironista terrible... En cuanto a su ironía corre ella por todas las páginas de sus libros, dando matices inesperados y abrochando versos con pensamientos agridulces que a veces dan la sensación de un latigazo, otras las de una duxha [sic] fría...

Créalo sinceramente tengo ansias de conocerlo. Su poesía de Vd. me encanta por lo libre, porque está exenta de eufemismos y es ágil y dura; porque dice lo que siente el artista sin amoldarse a cánones preestablecidos. Me encanta, en fin, porque es una poesía personal, demasiado original, demasiado sincera e ingenua. En vano he buscado en todas las librerías sus libros. He recurrido a las bibliotecas particulares y he obtenido el mismo resultado. ¿Podría Vd. enviármelas? Esperando me perdone, me suscribo de Vd. admirador y amigo.

Guillermo Mc Kay

Arequipa, 1 de Junio de 1919

A Luis C. López
Colombia

Grande amigo:

Le envié libro. Por una carta a Hidalgo supe que recibió Vd. *Prometeo*, i que me escribía agradeciéndome. Su carta no ha llegado a mí. Lo siento, más que por el agradecimiento, por su opinión que estimo en mucho, siendo como es Vd., en mi concepto, uno de los más grandes liridas [sic], el más original, el más personal de los que juegan a hacer versos en estos días, sobre la vigorosa tierra de América. Le admiro, amigo mío, i le felicito por el enorme desprecio con que Vd. mira los academicismos i los efeminamientos puestos en modo por los afrancesados, desde el mulato de Rubén. Es Vd. sobre todo un admirable paisajista, i no de memoria, como me sé de muchos, que pintan como pintaban nuestros pintores de antaño, copiando estampas. En Vd. hai sabor, todo el sabor jugoso de la tierra que nos dió a mamar la leche de sus pezones, todo el jugo extraído de la burguesa vida provinciana, tan divertida, tan pintoresca, tan bufa, para un espectador aristócrata e indolente como Vd. que se pasa la vida detrás de un detalle, de una palabra, de un gesto que pongan, sobre la monotonía desesperante de los poblachos americanos, la nota colorista, el esguince hilarante, que hagan estallar, de borbotón, la frescura tónica de la carcajada, o simplemente, pongan sobre la boca hastía de la animación de la sonrisa. El paisaje, en Vd., lejos del orientalismo exajerado [sic] de Chocano, lejos de el [sic] desesperante atropellamiento de metáforas, que dan al verso un son vacuo de parche o el ruido petulante de una sinfonía de cobres tiene la secillez [sic] i frecura [sic] de una acuarela. Se siente pasar, sobre él la pincelada colorista, la frescura de la brisa i toda la parlería locuaz de los arroyos. Luego, las figuras se animan, viven, ríen, hablan, i tienen toda la carnadura humana, tan humana de nuestros campesinos, i nuestros burgueses, i nuestros boticarios, i todo el talante autoritario i cómico de nuestros alcaldes i la satisfacción rolliza i desenfadada de nuestros curas.

Luego el aguafuerte, el aguafuerte, que maneja con mano maestra, tiene en Vd. rasgos que definen, que dan vida plena a un personaje, nada más que rasgos, detalles breves, precisos, rápidos pero llenos de colorido, llenos de vida, plenos de sabor a verdad.

Pronto le irá un libro mío que acaso le sorprenda. Es un libro humorista. Como Vd. yo me río, buen espectador indolente, de nuestra vida provinciana. Me río de mí mismo con risa que es insolente, según dicen mis camaradas, estos jovencitos elegantes que pasean en mi aldea todos sus refranes de salón, i su alegría grasosa, i su dicha petulante. Me río de mis dolores como un juglar, i hago de mis paradojas venganzas musicales contra la vida, la vida que no es para mí, ni para Vd., más buena ni más mala que la de todos sino que es vulgar i misteriosa como un Esfinge sin enigma, un Esfinge de la que todos somos los Edipos ingenuos i lamentables. Esto es todo amigo mío i gran Poeta. Espero, si escribió la carta que le decía a Hidalgo, me la remita de nuevo. Yo la espero impaciente, así como la de su amigo López-Penha a quién le mando un soneto humorista para que lo publique i le agradeceré una opinión sobre él. Sus libros los tengo copiados a mano. Si tiene alguno me mande.

Alberto Guillén

Panamá, Marzo 15 de 1920

Señor
Don Luis C. López
Cartagena

Mi querido Luis Carlos:

Ha tenido usted la virtud de alborotar nuestro cotarro por varios días. La calma tropical de nuestro predio la alteró a principios del mes un escritor humorista de *La Estrella* (Guillermo Colunje) afirmando que usted es el poeta más original, más personal, más poeta de todos los jóvenes que hacen versos en castellano de diez años a esta parte. Hubo alguien a quien tal afirmación no agradó mucho, y vino la discusión. Creo que de ella ha salido usted airoso y le envío unos cuantos recortes de diarios locales por creer que le agradará enterarse de lo dicho y reír un rato.

Muy suyo como siempre,

Guillermo Andreve

Bogotá, Marzo 16 de 1922

Señor
Don Luis C. López
Cartagena

Muy señor mío:

Doy a Vd. las gracias más expresivas por el ejemplar que se dignó enviarme de su nuevo volumen de poesías que inútilmente estuve buscando en Barranquilla en el mes de Noviembre. Lo he leído con el interés que me inspira toda obra de arte vigorosa y original. Tiene Vd. un talento de observación cáustica y penetrante y una vena humorística que lo distinguen de los demás poetas colombianos y que, sin esfuerzos de reclame por parte suya, le han creado una gran reputación dentro y fuera del país. En mis recientes viajes por el Perú, Cuba, y México pude apreciar que es Vd. uno de los ingenios colombianos de que se ha mayor estimación en esos países, popularidad que me complació mucho en mi condición de paisano de Vd.

Agradezco a Vd. que me haya dado esta ocasión de entrar en relaciones con persona tan conocida de tiempo atrás y cuyo original ingenio admiro, sin estar de acuerdo en algunos de sus procedimientos artísticos. Me pongo a sus órdenes en esta ciudad como su amigo y servidor.

Antonio Gómez Restrepo

Paris, El 24 de Mayo de 1922

Al Poeta don Luis C. López
En Cartagena de Indias
Colombia

Muy ilustre poeta:

He tenido el gusto de recibir su último y hermosamente presentado libro *Por el atajo,* del que me ocuparé muy próximamente en la "Revista de Libros" de *Prisma,* y cuyo envío le agradezco de todo corazón.

Un fiel admirador suyo, durante mi última estancia en Madrid pude hacerme de sus dos libros, *De mi villorrio* y *Posturas difíciles,* así como de *Varios a varios. Por el atajo* ha venido, pues, a completar en mi biblioteca la colección de sus obras.

Reciba, ilustre poeta, mi cordial felicitación por el rotundo éxito que ha tenido su último libro en toda América, y acepte la expresión de mi alta estima y de mi profunda admiración.

Rafael Lozano

Cartagena, Agosto 17 de 1925

Sr.
Don L. Borda Roldán
París

Muy apreciado amigo:

Contesto con placer su muy atenta carta del 21 del pasado mes, agradeciéndole a Vd. todas sus frases bondadosas. Tengo gracias a Dios o al Diablo —a escoger— una memoria... infalible en eso de recordar a mis nobles y buenos amigos.

Bien puedo complacer, como Vd. me pide, a los Srs. Ventura García Calderón y Zerega Fombona, a quienes conozco y admiro, enviándoles un libro de versos míos para su publicación. Casualmente estoy en condiciones de satisfacer a dichos señores, pues debido a una proposición que me hicieron los Srs. Luis Tamayo y Cía. de Bogotá, proposición que no he aceptado, tengo lista una obra para darla a la imprenta. Los Srs. Tamayo y Cía. me ofrecieron editar mi libro por su cuenta, dándome el 40 % del producto de la obra, deduciendo, naturalmente, el costo de la edición; pero como el tiraje era muy corto — de 3 a 5.000 ejemplares— y como creo con humildad que mi libro es definitivo, pues he seleccionado todos mis versos de mis cuatro librejos ya agotados, añadiendo muchas composiciones sin tomificar e inéditas, he creído prudente no cerrar el negocio con los referidos señores, aparte de que la obra no saldría de Colombia, debido como le he dicho, a que el tiraje sería muy pequeño para enviar a los diferentes países suramericanos. (Léase suramericacos [sic].)

En pliego aparte remito por su amable conducto a los Srs. García Calderón y Fombona las condiciones en que podría con ellos negociar la obra.

Mis cuatro librejos ya agotados son los siguientes: *De mi villorrio, Posturas difíciles, Varios a varios* y *Por el atajo.*

Voy a dirigirme a don Miguel de Unamuno, a quien quiero mucho, para que me escriba un juicio crítico acerca de mis consonantes. De seguro que don Miguel aprovechando esta coyuntura —ojalá— hablará de los orinales de Alfonso XIII y de la verborrea pirotécnica del "tonto, tonto, tonto" del primo de Rivera.

Hay dos literatos que tradujeron mis versos al danés, uno de ellos, porque no tengo la dirección del otro a la mano, es Car Kyersmeier, Stenderupgade 5 Kobenhaven B.

Puedo enviarle como propaganda para los editores muchísimas composiciones mías vertidas al inglés y algunas al francés.

Su afmo. amigo,

Luis C. López

Cartagena, Enero 22 de 1926

Señor
Don. L. Borda Roldán,
París

Muy apreciado amigo:

Tengo hace dos meses en mi poder su muy atenta y afectuosa carta del 4 de Octubre del año pasado, que no habría contestado antes esperando lo que Vd. me decía en ella: que los señores García Calderón y Zerega me dirían de un momento a otro si aceptaban o no las proposiciones que por conducto de Vd. me permití ofrecerles acerca de la edición de un libro mío. Como hasta la fecha no he sido favorecido con la respuesta de los mencionados señores, y como tengo unas ofertas de la Argentina, de Méjico y de este nuestro país para tomificar definitivamente mis versos, le suplico encarecidamente se acerque a dichos editores "para ver cuantos somos y cuantos quedamos." Naturalmente no le oculto a Vd. que me agradaría más que todo hacer en París una edición de mis consonantes; pero, como dijo el poeta, "el tiempo es largo y la materia es corta." Tampoco he recibido carta de mi querido maestro don Miguel de Unamuno, a quien le pido me salude cariñosamente, diciéndole Vd. de paso que el Primo de España y el Benito de Italia son apenas, como diría Rosso de Luna, una simple superchería teosófica...

Que pase Vd. un feliz año, "según es uso y costumbre," y reciba un fuerte apretón de manos de su muy afectísimo amigo.

Luis C. López

Baltimore, Md., Enero 5 de 1939

Señor
Don Francisco Sebá Patrón
Cartagena

Mi apreciado amigo:

Con sobrada razón habrá Vd. extrañado mi largo silencio. Recibí carta del 21 de Octubre pasado encontrándome enfermo, hospitalizado. Del Unión Memorial Hospital salí hace un mes y aún no me encuentro del todo bien de salud. De ahí que inmediatamente no le hubiera contestado.

Tenía un espléndido álbum de recortes, donde creo que se encontraban todos los versos de Armando, desde los primeros que escribió estando nosotros en el colegio de don Luis Patrón. Pero mi hijo Carlos cometió en Munich la tontería de prestar éste para mi valioso libro a unos estudiantes colombianos, de Medellín, que me lo perdieron o se lo cogieron. En vano traté por todos los medios de recuperarlo. Hoy nos serviría muchísimo para poderle rendir un justo y cariñoso homenaje a quien fue en mi vida mi noblísimo y tan querido compañero. No pierdo, eso sí, la esperanza de escribir unos datos acerca de él y de nuestra vida literaria de estudiantes. Mas por ahora no tengo espíritu ni fuerza para llevar a cabo una labor que requiere una verdadera consagración.

Salúdeme cariñosamente a Susanita. Démele de mi parte un estrecho abrazo a su papá y Vd. reciba otro de su lejano y afectísimo amigo.

Luis C. López

Unpublished Poetry

Sí, ya sé que he triunfado

Sí, ya sé que ha triunfado el egoísmo
y que es vano todo mi empeño
porque tú tienes otro dueño
y yo no soy dueño de mí mismo;
sin embargo mi amor es fanatismo,

no puedo olvidarte ni en sueño
tu eres el oleaje que arrastra el leño
y yo, pobre leño, me voy al abismo.

Carta entreabierta IV

Mi querido colega: en este clásico
6 de Agosto, es atroz
no poder —en un tren de a 1.000 kilómetros
por hora— ir a Mompós....

No ir a Mompós —a la tierra del calígrafo,
del alfarero y los
flautistas de Bizancio— ¿No es estúpido,
Manuel Dávila Flor?

¡Es una estupidez, antipatriótica,
y por lo mismo, ecuánime
no me siento, doctor!...

Que Vd. ignora, oh sí jóven incrédulo,
lo que ahí vale el Presbítero
Revollo, —vive Dios...

A Julio Flores

Si a tu coronación, lírico hermano
pudiera —echando al cesto sinsabores—
llevar el corazón en una mano
y, en la otra mano, flores ¡muchas flores!...

Pero oirás mil discursos, y no en vano
te achucharán horteras y doctores,
mientras te aplaude el pueblo soberano...
—Me río de los peces de colores—.

Porque a ese festival —¡Oh, camarada,
que siempre libre en tu prisión dorada
serás el ruiseñor que trina y vuela!—

No me puedo sumar, no acude a la lista,
pues ahora voy en busca de un dentista
para ver si me sacan una muela.

NORTH CAROLINA STUDIES IN THE ROMANCE LANGUAGES AND LITERATURES

I.S.B.N. Prefix 0-88438

Recent Titles

A CONCORDANCE TO THE "ROMAN DE LA ROSE" OF GUILLAUME DE LORRIS, by Joseph R. Danos. 1976. (No. 156). 0-88438-403-9.

POETRY AND ANTIPOETRY: A STUDY OF SELECTED ASPECTS OF MAX JACOB'S POETIC STYLE, by Annette Thau. 1976. (No. 158). -005-X.

STYLE AND STRUCTURE IN GRACIÁN'S "EL CRITICÓN", by Marcia L. Welles, 1976. (No. 160). -007-6.

MOLIERE: TRADITIONS IN CRITICISM, by Laurence Romero. 1974 (Essays, No. 1). -001-7.

CHRÉTIEN'S JEWISH GRAIL. A NEW INVESTIGATION OF THE IMAGERY AND SIGNIFICANCE OF CHRÉTIEN DE TROYES'S GRAIL EPISODE BASED UPON MEDIEVAL HEBRAIC SOURCES, by Eugene J. Weinraub. 1976. (Essays, No. 2). -002-5.

STUDIES IN TIRSO, I, by Ruth Lee Kennedy. 1974. (Essays, No. 3). -003-3.

VOLTAIRE AND THE FRENCH ACADEMY, by Karlis Racevskis. 1975. (Essays, No. 4). -004-1.

THE NOVELS OF MME RICCOBONI, by Joan Hinde Stewart. 1976. (Essays, No. 8). -008-4.

FIRE AND ICE: THE POETRY OF XAVIER VILLAURRUTIA, by Merlin H. Forster. 1976. (Essays, No. 11). -011-4.

THE THEATER OF ARTHUR ADAMOV, by John J. McCann. 1975. (Essays, No. 13). -013-0.

AN ANATOMY OF POESIS: THE PROSE POEMS OF STÉPHANE MALLARMÉ, by Ursula Franklin. 1976. (Essays, No. 16). -016-5.

LAS MEMORIAS DE GONZALO FERNÁNDEZ DE OVIEDO, Vols. I and II, by Juan Bautista Avalle-Arce. 1974. (Texts, Textual Studies, and Translations, Nos. 1 and 2). -401-2; 402-0.

GIACOMO LEOPARDI: THE WAR OF THE MICE AND THE CRABS, translated, introduced and annotated by Ernesto G. Caserta. 1976. (Texts, Textual Studies, and Translations, No. 4). -404-7.

LUIS VÉLEZ DE GUEVARA: A CRITICAL BIBLIOGRAPHY, by Mary G. Hauer. 1975. (Texts, Textual Studies, and Translations, No. 5). -405-5.

UN TRÍPTICO DEL PERÚ VIRREINAL: "EL VIRREY AMAT, EL MARQUÉS DE SOTO FLORIDO Y LA PERRICHOLI". EL "DRAMA DE DOS PALANGANAS" Y SU CIRCUNSTANCIA, estudio preliminar, reedición y notas por Guillermo Lohmann Villena. 1976. (Texts, Textual Studies, and Translation, No. 15). -415-2.

LOS NARRADORES HISPANOAMERICANOS DE HOY, edited by Juan Bautista Avalle-Arce. 1973. (Symposia, No. 1). -951-0.

ESTUDIOS DE LITERATURA HISPANOAMERICANA EN HONOR A JOSÉ J. ARROM, edited by Andrew P. Debicki and Enrique Pupo-Walker. 1975. (Symposia, No. 2). -952-9.

MEDIEVAL MANUSCRIPTS AND TEXTUAL CRITICISM, edited by Christopher Kleinhenz. 1976. (Symposia, No. 4). -954-5.

SAMUEL BECKETT. THE ART OF RHETORIC, edited by Edouard Morot-Sir, Howard Harper, and Dougald McMillan III. 1976. (Symposia, No. 5). -955-3.

FIGURES OF REPETITION IN THE OLD PROVENÇAL LYRIC: A STUDY IN THE STYLE OF THE TROUBADOURS, by Nathaniel B. Smith. 1976. (No. 176). 0 8078-9176-2.

THE DRAMA OF SELF IN GUILLAUME APOLLINAIRE'S "ALCOOLS", by Richard Howard Stamelman. 1976. (No. 178). 0-8078-9178-9.

A QUANTITATIVE AND COMPARATIVE STUDY OF THE VOCALISM OF THE LATIN INSCRIPTIONS OF NORTH AFRICA, BRITAIN, DALMATIA, AND THE BALKANS, by Stephen William Omeltchenko. 1977. (No. 180). 0-8078-9180-0.

When ordering please cite the *ISBN Prefix* plus the last four digits for each title.

Send orders to: University of North Carolina Press
 Chapel Hill
 North Carolina 27514
 U. S. A.

The Department of Romance Studies Digital Arts and Collaboration Lab at the University of North Carolina at Chapel Hill is proud to support the digitization of the North Carolina Studies in the Romance Languages and Literatures series.

www.ingramcontent.com/pod-product-compliance
Lightning Source LLC
Chambersburg PA
CBHW020418230426
43663CB00007BA/1219